BIBLIOTHÈQUE

DES

ÉCOLES CHRÉTIENNES

APPROUVÉE

PAR Mgr L'ÉVÊQUE DE NEVERS.

DESCRIPTION

l'Amérique Méridionale

Tours

Alfred Mame & Cie

ÉDITEURS

DESCRIPTION

DE

L'AMÉRIQUE

MÉRIDIONALE

D'APRÈS

Georges Juan, Antonio d'Ulloa, de la Condamine et Frézier.

TOURS

A^d MAME ET Cie, IMPRIMEURS-LIBRAIRES

1845

CHAPITRE PREMIER.

Objet du voyage. — Arrivée des deux mathématiciens espagnols
à Carthagène. — Origine de cette colonie. — Traits d'intrépidité
de l'espagnol Ojéda. — Description de Carthagène. — Différentes
classes d'habitants.

Les Espagnols, en général, n'ont pas la réputation d'exceller dans la littérature, quoique plusieurs auteurs français aient puisé chez les écrivains de cette nation une foule de matériaux
utiles. Ce préjugé s'est probablement accrédité
par le peu de connaissance que nous avons en
France, en Angleterre et en Allemagne, de la
langue et de la littérature espagnoles. On leur reproche aussi de n'être pas d'excellents géographes,

et de n'avoir pas donné, jusqu'à présent, de bonnes cartes et des descriptions détaillées de leurs possessions en Amérique. Mais la politique a pu les engager à envelopper d'un profond mystère tout ce qui concerne ces précieuses contrées. Quant aux voyageurs étrangers, ils ont si peu d'occasion de les parcourir, qu'on n'a pu jusqu'à présent obtenir à cet égard des renseignements très-utiles.

Cependant on doit à un voyageur espagnol une relation qui ne se distingue pas moins par le zèle, l'exactitude et les talents avec lesquels il l'a rédigée, que par la position favorable où il s'est trouvé pour faire des recherches et des observations.

L'expédition dont nous nous proposons de rendre compte fut entreprise sous les ordres du roi d'Espagne. La relation originale en fut publiée à Madrid, quelques années après le retour des voyageurs.

Les savants s'occupaient alors de déterminer la figure de la terre, et pour cela il était nécessaire de mesurer sous l'équateur quelques degrés du méridien terrestre. Vers 1735, sur les sollicitations de l'Académie des Sciences, Louis XV, roi de France, s'adressa au roi d'Espagne et lui demanda l'autorisation d'envoyer quelques académiciens à Quito, capitale du Pérou, située presque sous la ligne équinoxiale, qui, comme le savent mes jeunes lecteurs, partage le globe en deux parties égales.

Le roi d'Espagne ne s'empressa pas seulement d'acquiescer à cette demande ; animé lui-même du noble désir de concourir à une entreprise aussi glorieuse, il donna ordre à don Georges Juan, et à don Antonio d'Ulloa, l'un et l'autre capitaines de la marine espagnole, d'accompagner les savants français à Quito, et de les seconder de tout leur pouvoir dans les travaux que comportaient de pareilles opérations.

Au nombre des académiciens français, se trouvaient MM. de la Condamine et Godin (1).

Les deux commissaires espagnols s'embarquèrent à Cadix le 25 mai 1735. Après quelques contre-temps occasionnés par les vents défavorables, ils arrivèrent, sans incident digne d'être rapporté, dans la baie de Carthagène, le 9 juillet de la même année.

La ville de Carthagène gît par dix degrés vingt-cinq minutes quarante-huit secondes de latitude, et par soixante-dix-sept degrés et demi de longitude occidentale, à compter du méridien de Paris.

______

(1) J'ai expliqué plus loin quelles étaient les recherches que se proposaient les académiciens, et quel en fût le résultat. Je préviens d'avance mes lecteurs qu'ils ne doivent pas s'attendre à trouver ici des calculs géométriques, absolument étrangers au plan de cet ouvrage.   (*Note du Traducteur.*)

Ces messieurs firent des expériences en cet endroit sur la déclinaison de la boussole, et la trouvèrent de huit degrés à l'est.

La baie de Carthagène et tout le pays environnant, nommé *Calamari* dans la langue des indigènes, furent découverts en 1502 par don Rodrigue de Bastidas. Deux années après, les Espagnols, ayant tenté de s'y établir, éprouvèrent une résistance à laquelle ils étaient loin de s'attendre. Les habitants étaient fiers et belliqueux; ils avaient pour armes des flèches empoisonnées, dont les plus légères blessures étaient mortelles. Alonzo d'Ojéda, qui vint ensuite dans le pays avec la Cosa et le célèbre Améric-Vespuce, n'obtint pas plus de succès.

Ojéda avait abordé le Nouveau-Monde avec l'injonction formelle de tenir envers les habitants une conduite plus modérée que ne l'avaient fait jusqu'alors d'avides conquérants, uniquement dirigés par la soif du butin. On lui avait donné des missionnaires pour convertir les Indiens au christianisme. Si ces malheureux résistaient à la voix de la persuasion, il lui était ordonné de les poursuivre sans miséricorde, et de traiter comme esclaves tous ceux que le sort des armes ferait tomber entre ses mains.

Les habitants repoussèrent toutes les propositions d'Ojéda. La Cosa, son compagnon, craignant

leurs traits empoisonnés, était d'avis d'abandonner la côte et d'atterrir dans le golfe d'Uraba,
dont les naturels paraissaient plus traitables;
mais Ojéda, se fiant à son courage et au bonheur
qu'il avait eu jusqu'alors de ne recevoir aucune
blessure à la guerre, ce qu'il attribuait à une
petite image de la Vierge qu'il portait au cou,
rejeta ce conseil timide, et se disposa à attaquer
les Indiens.

Il en fit d'abord un grand carnage, sans retirer
d'autre utilité de tant de sang répandu, que la
prise des petits miroirs d'or qu'ils portaient au
cou. Les Indiens, aguerris, vengèrent cruellement
la perte de leurs compagnons. Les Espagnols
furent investis et presque tous massacrés. Ojéda
lui-même ne dut la vie qu'à son agilité extrême,
qui le fit passer comme un éclair à travers les rangs
ennemis.

Ce même Ojéda fonda ensuite la ville de Saint-
Sébastien, et fut blessé à la cuisse, dans une
action contre les indigènes américains. La flèche
dont il avait été atteint était enduite d'une matière vénéneuse. La plaie paraissait mortelle.
Ojéda ne dut son salut qu'à une intrépidité presque
sans exemple. Il fit rougir au feu deux plaques de
cuivre, et les fit appliquer sur les bords de la plaie.
Le venin se trouvant ainsi absorbé et les chairs
rongées, il se rétablit promptement.

Je citerai encore, au sujet d'Ojéda, un trait qui prouve jusqu'à quel point certains hommes s'imaginent qu'il n'y a pas de danger pour eux. Il commandait un vaisseau espagnol, chargé de faire des découvertes sur la côte d'Amérique : son équipage se soulève, le met aux fers, et l'amène pieds et poings liés, dans un port d'*Hispaniola*, ou l'*Ile-Espagnole*, qui porte aujourd'hui le nom de Saint-Domingue. Ojéda se voyant près de terre conçoit le projet d'échapper aux mutins, en s'élançant dans les flots pendant la nuit. Il espérait se sauver à la nage, malgré les fers qui embarrassaient le mouvement de ses membres. Il exécuta son dessein ; mais la pesanteur de ses fers l'entraînait, et il eût été infailliblement noyé, si ses gens, avertis par le bruit de sa chute, et touchés de repentir, ne se fussent empressés de sauver leur commandant.

Enfin, en 1527, les Indiens, qui avaient si bien défendu leur territoire, cédèrent aux efforts de l'Espagnol Hérédia, et celui-ci jeta les fondements de la ville florissante qu'on y voit de nos jours.

La situation avantageuse de Carthagène, l'étendue et la sûreté de son port, l'utilité dont elle est pour le commerce du Nouveau-Monde, en ont bientôt fait une ville considérable; elle s'est agrandie peu à peu, et a fini par devenir l'établissement le plus important des Espagnols. Mais aussi de tels avantages ont, à plusieurs reprises, excité la jalousie des étrangers : l'attrait des richesses, l'espoir du butin, le désir de nuire, quelquefois en pure perte, à un puissant ennemi, ont souvent attiré sur cette belle ville les malheurs de la guerre.

En 1544, cette vaste cité fut exposée aux insultes d'une bande d'aventuriers français, connus sous le nom de flibustiers. Quarante ans après, François Drake, célèbre marin anglais, la réduisit en cendres. En 1697, M. de Pointis, à la tête d'une armée française, lui fit souffrir de nouvelles disgrâces. Enfin, en 1741, l'amiral Vernon et une nombreuse armée, dans laquelle presque toute la jeune noblesse anglaise s'était enrôlée, croyant courir à une gloire certaine et à des richesses immenses, mirent le siége devant Carthagène. Mais cette expédition ne fut nuisible qu'aux Anglais, qui y perdirent quantité de braves soldats et des richesses immenses (1).

La ville est bâtie sur une île sablonneuse qui,

_____

(1) Les Anglais se croyaient si sûrs de leur fait, qu'ils firent frapper une médaille dont le revers représentait le port de cette ville, avec la légende *Took Carthagena* 1741; c'est-à-dire Carthagène prise en 1741. M. de la Condamine a rapporté en France un de ces monuments d'une fausse et ridicule vanité.

(Note du Traducteur.)

formant un passage étroit vers le sud-ouest, ouvre une communication avec la partie du continent nommée *Tierra-Bomba* jusqu'à *Boca-Chica*. Au nord, elle se termine par une langue de terre si étroite, qu'autrefois la distance d'une rive à l'autre n'était que de vingt-cinq brasses (environ cent cinquante pieds). Mais ensuite les atterrissements successifs l'ont agrandie; il s'est formé de ce côté une nouvelle île, et la presque totalité de la ville est environnée d'eau. Un pont de bois sert de communication à l'est, entre la ville et son unique faubourg. Les fortifications de la ville et du faubourg sont construites dans une forme moderne, et revêtues de pierres de taille.

Tous les voyageurs conviennent qu'après Mexico, Carthagène est la plus belle ville de l'Amérique.

Les rues de cette dernière place sont bien bâties, tirées au cordeau, larges, uniformes et bien pavées. Les maisons sont, pour la plupart, bâties de pierres, à l'exception d'un petit nombre, construites en briques; mais elles n'ont qu'un seul étage au-dessus du rez-de-chaussée. Les appartements en sont commodément distribués. Toutes les maisons ont des balcons et des grilles de bois; cette matière est, dans un pareil climat, plus durable que le fer, qui serait bientôt rouillé et détruit par l'humidité et les acides répandus dans l'atmosphère.

Toutes les églises et les monastères sont des bâtiments élégants et très-vastes ; mais ils sont en général décorés avec la plus grande parcimonie.

La juridiction du gouvernement de Carthagène s'étend à l'est jusqu'à la grande rivière de la Madeleine. Au sud elle se termine aux frontières de la province d'Antioguia ; de là elle s'étend à l'ouest jusqu'à la rivière de Darien. Au nord, ce district est borné par l'Océan, entre les embouchures des deux rivières.

Si l'on en croit la tradition du pays, cette contrée était autrefois abondante en or; on trouve encore quelques anciennes mines de ce métal dans le voisinage de Simiti, San-Lucar et Guamaco; mais on les néglige, et elles paraissent tout à fait épuisées. Ce qui contribue principalement à la richesse du pays, c'est le commerce considérable qu'il fait avec les bailliages de Choco et de Darien. Les habitants de Carthagène en retirent des lingots et des espèces d'or et d'argent, en échange du produit de leurs manufactures.

Il ne faut pas oublier d'ajouter à ce que nous venons de dire de la ville de Carthagène, une courte notice sur les habitants, que l'on peut diviser en plusieurs classes ou tribus, qui tirent leur origine du mélange des blancs, des nègres et des Indiens. Nous allons donc traiter en particulier chacune de ces classes.

On distingue les blancs en deux classes, les Européens et les colons, c'est-à-dire ceux qui sont nés dans le pays de l'union d'un homme blanc et d'une femme blanche. On appelle les premiers *chapetons*, mais ils sont peu nombreux; la plupart retournent en Espagne, lorsqu'ils ont fait fortune, ou cherchent à augmenter le fruit de leur industrie, en allant former d'autres établissements dans l'intérieur des terres. Les blancs établis à Carthagène font tout le commerce de cette place, et vivent dans l'opulence, tandis que les habitants des campagnes languissent dans l'indigence et sont réduits à entreprendre les travaux les plus durs pour soutenir une misérable existence.

Les familles des créoles blancs possèdent presque toutes les terres : quelques-uns ont des habitations considérables, et jouissent d'une grande considération, parce que leurs ancêtres sont venus dans ce pays, avec toute leur famille, occuper des emplois qui leur donnaient beaucoup d'autorité. La plupart soutiennent l'éclat de leur naissance, parce qu'ils se sont alliés, dans le pays, avec leurs égaux, ou avec des Européens employés sur les galions.

Il y a des blancs qui ne sont pas, à beaucoup près, aussi favorablement traités de la fortune; ce sont des mulâtres provenants de l'union des blancs avec les femmes indiennes du pays. Quand la couleur ne les trahit pas, ils se glorifient d'être comptés au nombre des blancs.

Les métis, provenant du mariage des blancs avec les négresses, ont une couleur plus foncée, et se font plus facilement remarquer. Après ceux-ci viennent les *tercerons*, provenants de l'union des blancs avec les mulâtres; leur couleur est assez blanche, mais il n'est pas difficile de reconnaître leur origine. Les *quarterons* sont les métis qui sont nés du mariage d'un blanc avec une *terceronne*. Viennent ensuite les *quinterons*, dans lesquels le sang noir est presque tout à fait effacé, et qu'il est difficile de distinguer des Espagnols eux-mêmes.

Il existe une démarcation si sensible entre ces différentes classes, que si, par inadvertance et sans la moindre intention de commettre une offense, on plaçait quelque personne dans une tribu inférieure à la sienne, elle en conserverait un vif ressentiment.

Mais ces classes dont nous venons de parler ne sont pas les seules; il y a encore d'autres métis qui proviennent de l'union de mulâtres avec les négresses, ou de celles-ci avec les Indiens. Tous ces mélanges produisent une singulière variété de couleurs.

Les enfants nés de l'union de mulâtres quarterons, quinterons ou autres, avec des nègres ou négresses, sont appelés *salto atras*, rétrogrades, ou *saut en arrière*, parce qu'au lieu de se rapprocher de la couleur blanche, ils rétrogradent vers la caste des nègres. Nous n'en finirions pas si nous voulions expliquer toutes ces différences, dont la plupart ont des dénominations vraiment ridicules. Par exemple, on appelle *tente en el ayre*, c'est-à-dire *suspendus en l'air*, ceux qui sont nés de l'alliance d'un *terceron* avec une *terceronne*, d'un *quarteron* avec une *quarteronne*, etc., parce qu'ils n'avancent ni ne reculent.

Ces diverses distinctions sont véritablement puériles et dégradent la noblesse de l'espèce humaine.

Toutes les castes, à l'exception des nègres et des Indiens, s'habillent à la mode espagnole; les colons sont légèrement vêtus à cause de la chaleur du climat.

Il y a des ouvriers dans la ville; mais les blancs dédaignent de se livrer à de vils emplois mécaniques, et ne veulent se mêler que du débit des marchandises, sans les fabriquer eux-mêmes. Comme il leur est impossible à tous d'obtenir un égal succès, quelques-uns, faute de suivre la même profession qu'ils remplissaient en Europe, périssent dans la misère.

Les nègres forment une partie considérable de la population : ils se divisent en nègres libres et en nègres esclaves. Ceux-ci se subdivisent en créoles et en *bozalès*, ou nouveaux venus. Une partie de ces derniers travaille à la culture des terres. Les autres sont employés, dans la ville, aux occupations les plus pénibles. Une partie de leur modique salaire sert à leur nourriture : ils sont tenus de fournir le reste à leurs maîtres. La chaleur les dispensant de porter aucune espèce d'habits, ils vont nus, comme en Afrique, à la réserve d'un petit pagne de coton dont ils se couvrent le milieu du corps.

Quelques-uns de ces noirs, employés par les fermiers, sont mariés à des femmes esclaves comme eux. Ceux de la ville vendent dans les marchés toutes sortes de comestibles, tels que fruits secs, confitures, gâteaux de maïs et de cassave, et plusieurs autres menus objets.

Les négresses portent leurs enfants attachés sur leurs épaules, afin d'avoir le libre exercice de leurs bras.

CHAPITRE II.

Les dames de Carthagène restent sans rien faire dans leurs appartements , continuellement couchées dans leurs hamacs, et se faisant balancer par un esclave, afin de renouveler l'air autour d'elles. Cette coutume est si générale , qu'il n'y a pas de maison où l'on ne trouve deux ou trois hamacs ainsi suspendus , suivant le nombre des personnes de la famille.

Un Européen nouvellement débarqué dans le Nouveau-Monde, doit trouver étrange le spectacle d'hommes qui se promènent dans les rues avec un maintien grave , et qui se rafraîchissent continuellement le visage avec des éventails tissus d'une espèce de palme fine et déliée, en forme de croissant, avec un bout de la même palme, qui sert de manche.

Les femmes blanches ont pour vêtement une sorte de jupe , nommée *pollera* , de taffetas uni. Elles couvrent leurs épaules avec une mantille (sorte de châle ou mantelet). Elles portent par-dessous une espèce de pourpoint dans la saison qu'ici on appelle hiver.

Leur usage est d'aller à l'église dès trois heures du matin , afin d'éviter la chaleur du jour. Les femmes qui ne sont pas exactement blanches portent par-dessus la pollera une jupe de taffetas , d'une couleur à leur choix , à l'exception de la noire, qui leur est interdite. Cette jupe est percée d'une infinité de petits trous à travers lesquels on peut voir la pollera. Toutes se couvrent la tête d'un bonnet de toile blanche, en forme de mitre , et garni de beaucoup de dentelles fort empesées. Cette coiffure se termine par une pointe au-dessus du front.

Les femmes de qualité ne portent pour chaussures qu'une sorte de petites mules où la pointe de leurs pieds peut à peine tenir.

A Carthagène, les personnes des deux sexes ont beaucoup de sagacité et d'esprit naturel, et sont reconnues très-propres à toutes sortes de travaux mécaniques. Ces heureuses dispositions se font principalement remarquer dans les colons qui s'appliquent à la littérature. Dès l'âge le plus tendre, ils ont une maturité de jugement qui ne s'acquiert en Europe qu'après une application soutenue pendant plusieurs années; mais, parvenus à l'âge de vingt ou trente ans, tous ces heureux présages s'évanouissent, la paresse étouffe leurs progrès; ils oublient les éléments des sciences avec la même facilité qu'il les ont appris.

La cause principale du peu de durée de si belles dispositions, et de l'inclination à la paresse, qui s'empare de tous les créoles, est sans contredit le défaut d'objets propres à exercer leurs facultés intellectuelles, et le peu d'espoir qu'ils entrevoient d'obtenir jamais un emploi proportionné aux peines qu'ils se seront données pour acquérir des talents. Comme il n'y a point dans ce pays d'armée de terre ni de mer, et que les emplois administratifs sont en petit nombre, il n'est pas étonnant que le peu d'apparence de faire fortune par son seul mérite décourage les habitants et les plonge dans l'oisiveté, qui conduit à tous les vices. Il en est de même des arts mécaniques, où les créoles font d'abord de grands progrès et dont ils ne tardent pas à se dégoûter.

Il faut dire, à la louange des habitants de Carthagène, qu'ils sont remplis d'humanité et de bienfaisance. S'ils ne secondaient pas de tous leurs moyens la plupart des Européens nouvellement débarqués, qu'attire dans ce pays le désir souvent inconsidéré de faire fortune, ils périraient presque tous par les maladies et la pauvreté. Mais il serait encore plus humain de détourner ces malheureux des vaines chimères qui les portent à quitter leur pays natal, à abandonner sans retour des moyens d'existence qui très-souvent suffisent à leur bonheur. Combien n'est-il pas de ces enthousiastes, trompés par de faux rapports, qui s'imaginent qu'il suffit de mettre le pied dans les Indes pour que leur fortune soit faite!

On donne le nom de *pulizons* à ces aventuriers qu'amènent journellement les galions d'Espagne : ce sont, pour l'ordinaire, des gens sans aveu et sans moyen d'existence, qui sortent de leur patrie comme des fugitifs, et viennent s'établir dans un pays où ils sont absolument inconnus. A peine sont-ils débarqués dans la ville de Carthagène, qu'ils se trouvent abandonnés au milieu des rues, sans logement, sans subsistance : leur dernière ressource est de s'adresser à l'hôpital des moines franciscains , où on leur distribue des gâteaux de cassave, en quantité si petite qu'elle ne peut satisfaire à beaucoup près leur appétit, et les empêche seulement de mourir de faim. Cette substance est d'ailleurs si mal préparée , que les naturels du pays eux-mêmes n'en voudraient pas manger. Jugez , d'après cela , l'effet que doit produire un semblable aliment sur des hommes accoutumés à une nourriture saine et suffisante du moins, si elle n'est ni abondante ni recherchée.

Le seul abri que ces infortunés puissent trouver est dans quelque coin d'une place publique ou sous les porches des églises , jusqu'à ce que leur bonne fortune leur fasse rencontrer un marchand obligé de faire des voyages à la campagne et qui a besoin d'un domestique : en effet, les marchands de la ville n'ont aucune occasion d'employer ces aventuriers.

Enfin , douloureusement affectés par le changement de climat , souffrant de la mauvaise qualité de la nourriture , cruellement déçus dans les espérances qu'ils s'étaient forgées , ils se trouvent en proie à des maux sans nombre , dont il serait impossible de donner une idée : ils sont principalement sujets à l'affreuse maladie de langueur qu'on appelle à Carthagène la *chapetonade* , ou la maladie des chapetons. Ils n'ont souvent d'autre secours contre cette cruelle maladie que celui de la Providence divine, car personne ne saurait entrer dans les hôpitaux sans payer.

C'est alors que se signale la bienfaisance des habitants de Carthagène ; les mulâtresses, les négresses, et autres femmes libres , touchées de la déplorable situation de l'étranger , le recueillent dans leur maison, lui donnent une nourriture salubre et à discrétion. Si le malade vient à décéder , elles paient son enterrement et font même dire des messes pour le repos de son âme.

Les *pulizons* qui restent dans la ville, soit qu'ils aient fait un mariage qui leur donne un petit établissement, soit qu'ils deviennent mariniers ou artisans, sont tellement harassés de travaux et gagnent si peu d'argent , qu'ils doivent sans cesse regretter leur patrie. La seule consolation dont ils puissent jouir après avoir travaillé tout le jour et une partie de la nuit, c'est de se régaler de quelques bananes , d'un gâteau de maïs ou de cassave, que l'on mange dans ce pays au lieu de pain : ils y joignent aussi quelquefois une tranche de *casaïo* ou bœuf fumé , sans goûter de pain un seul jour de l'année.

D'autres (et ils sont en grand nombre), non moins infortunés que ceux-ci , se retirent dans quelques petites fermes ; là, sans autre abri qu'une misérable cabane de chaume, nommée *bujio* dans ce pays , ils mènent une existence misérable : ils cultivent un petit terrain planté de légumes , et vont les vendre au marché.

Les mœurs des habitants de Carthagène sont peu différentes de celles des Espagnols , et même des autres Européens. Seulement je ferai observer que dans cette colonie l'usage de l'eau-de-vie est si commun , que les personnes les plus sobres , de toutes les classes, ne manquent jamais d'en boire un verre tous les matins à onze heures. Ils prétendent que cette liqueur spiritueuse fortifie l'estomac affaibli par une transpiration trop abondante, et aiguise leur appétit : on appelle cela en langue espagnole *hacer las once* , c'est-à-dire faire onze heures. Cette coutume n'aurait peut-être pas des effets aussi pernicieux, si l'on ne s'y livrait qu'avec modération ; mais elle est dégénérée en vice , et quelques-uns des colons aiment l'eau-de-vie avec tant de fureur, que pendant toute la journée ils ne parlent que de *hacer las once.*

Le chocolat , qu'on ne connaît dans ce pays que sous le nom de *cacao,* parce qu'il est fait avec la pulpe farineuse de ce fruit , est d'un usage si commun, qu'il n'est point de nègre-esclave, quelque pauvre qu'il soit, qui n'en prenne après son déjeuner: les négresses en vendent de tout prêt dans les rues au prix de deux sous et demi de France la tablette ; mais cette denrée ne consiste pas entièrement en cacao , il y entre beaucoup de maïs. Les gens riches sont obligés (ce qui paraît peut-être étonnant à mes jeunes lecteurs) de faire venir d'Espagne le chocolat véritable (1) : ils le prennent environ une heure après dîner , mais ils ne le mangent jamais seul.

Ils aiment aussi beaucoup le miel et les confitures : ils ne boivent jamais un verre d'eau sans y avoir fait fondre une cuillerée de confitures, ainsi que cela se pratique en Portugal ; ils mangent le maïs à pleine cuillerée, et le préfèrent aux conserves et aux confitures.

Ce n'est qu'avec leurs confitures et leur chocolat qu'ils mangent du pain de froment : ils étalent le miel sur leurs gateaux de cassave.

L'habitude de fumer est universelle parmi les colons des deux sexes. Les dames créoles de quelque considération ne fument que dans leur appartement ; mais les femmes du peuple et tous les hommes en général fument dans le premier endroit où ils se trouvent. On ne se sert pas pour cela de pipes, mais de *cigares* , c'est-à-dire de feuilles de tabac roulées. Les femmes ont une mé-

----

(1) La politique des puissances européennes est de tenir, le plus possible, les colonies dans la dépendance. La plus grande partie du sucre se raffine en Europe. Avant la révolution, les colons de Saint-Domingue envoyaient en France des tonnes de sucre brut, et retiraient en échange du sucre raffiné, dont ils étaient obligés de payer la main-d'œuvre, les frais de transport, etc.

(*Note du Traducteur.*)

thode toute particulière de fumer : elles allument l'extrémité du rouleau, le placent dans leur bouche du côté embrasé, et l'y tiennent long temps sans l'éteindre et sans être incommodées de la chaleur. Les femmes du rang le plus élevé s'accoutument à fumer dès leur plus tendre enfance.

Lorsqu'on reçoit des visites de personnes que l'on considère, on s'empresse d'allumer des cigares pour les nouveaux venus, et de les leur distribuer à la ronde. Refuser une pareille offre, ce serait laisser voir qu'on ne sait pas vivre. Mais les Espagnols ont soin de ne présenter des cigares qu'à ceux qu'ils savent faire usage de tabac. On excuse cette habitude, comme toutes les autres, par le spécieux prétexte de la nature du climat, et comme un des moyens de conserver sa santé sous ce ciel brûlant.

Les gens du peuple dansent au milieu des rues, et dans le premier endroit où ils se trouvent : ils se livrent à cet excercice tout en buvant du vin et de l'eau-de-vie. Troublés par les fumées de la liqueur, ils finissent souvent par se quereller, d'où il résulte des accidents très-graves.

Lorsqu'un étranger de distinction arrive à Carthagène, il n'est pas rare qu'il reçoive la visite de toutes sortes de gens, qui viennent s'amuser chez lui. Comme l'entrée de la maison est libre à tout le monde, et qu'il serait de mauvaise grâce de refuser aux danseurs des liqueurs de toute espèce, un étranger ne manque jamais de compagnie chez lui.

Les enterrements et les cérémonies de deuil ne sont pas moins singuliers à Carthagène. Les habitants y déploient un luxe et une pompe convenables à leur rang et à leur fortune, mais trop souvent aux dépens de leur repos.

Si le défunt est une personne de condition, son corps est placé sur un catafalque magnifique, dans un des principaux appartements de la maison, et entouré de cierges allumés. Le corps est ainsi exposé dans cette chapelle ardente durant vingt-quatre heures, ou même davantage. Pendant cet intervalle, il est visité par ses amis, ses parents et ses connaissances, au milieu desquels se glissent des femmes du peuple, payées pour cela, qui font retentir la maison de cris et de lamentations. Les mêmes femmes jettent des cris perçants pendant toute la marche du convoi, et dans le moment où le corps est déposé en terre. Une désolation complète règne dans l'habitation du défunt pendant neuf jours, qui sont le terme précis fixé à la douleur de ses parents.

Parmi les maladies particulières au pays, nous avons parlé de la *chapetonade*, sorte de fièvre ardente qui fait mourir, au milieu d'horribles convulsions, le malheureux qui en est atteint. On y connaît aussi une sorte de lèpre contagieuse, et qui a les résultats les plus funestes. Les lépreux sont arrêtés par la force publique, et conduits dans les lazarets hors de la ville. On dit que cette maladie est occasionnée par la consommation de la chair de porc, qui, dans ce climat comme dans tous les pays chauds, passe pour malsaine. C'est pour cette raison que le législateur des Juifs et celui des Mahométans l'ont expressément défendue à leurs sectateurs.

Une autre, plus étrange, mais moins commune, est celle qu'on nomme la *culebrilla* ou *serpenteau*. Les symptômes en sont on ne peut plus singuliers.

Il se forme d'abord sous l'épiderme, aux bras, aux cuisses ou aux jambes, une petite tumeur qui s'augmente sans cesse, et finit par occuper un espace considérable. La manière de guérir ce mal est d'appliquer sur la tumeur des supuratifs, à l'endroit où l'on croit découvrir ce qu'on appelle la tête du serpenteau; et lorsque la peau commence à s'ouvrir, il en sort une espèce de petit nerf blanc que les gens du pays assurent être une sorte de *ver*. On l'aide à sortir avec une carte roulée, à laquelle on l'assujettit par le moyen d'un fil de soie, et tous les jours on en entortille une partie autour de la carte, jusqu'à ce qu'il ne reste plus rien dans la tumeur, qui ne tarde pas ensuite à se dissiper

d'elle-même. Cette opération demande infiniment
de patience et d'adresse, car si le ver venait à se
rompre, il pourrirait dans la plaie et occasionne-
rait une inflammation qui mettrait la vie du malade en danger. Malgré l'opinion établie à Carthagène, en Asie, en Afrique, et dans d'autres lieux
où cette maladie est connue, don Antonio d'Ulloa
ne pense pas que le serpenteau soit véritablement
un animal.

CHAPITRE III.

Les académiciens français arrivèrent le 16 novembre 1735 à Carthagène, où les envoyés espagnols les avaient attendus pendant trois mois.

Le 24, ils s'embarquèrent tous ensemble sur une frégate française, pour Porto-Bélo. La traversée fut courte et très-agréable. Dès le 29 du même mois, ils étaient à l'ancre dans le port.

La ville de Saint-Philippe de Portó-Bélo est

située, d'après leurs observations, par neuf degrés trente-quatre minutes trente-cinq secondes de latitude nord. Ce port fut découvert le 2 novembre 1502 par le célèbre Christophe Colomb, qui fut si charmé de l'étendue et de la profondeur de la rade, qu'il lui donna le nom de Porto-Bélo, c'est-à-dire Beau-Port.

Les édifices de la ville s'étendent au bord de la mer et sur le penchant d'une montagne qui environne le port. La plupart des maisons sont construites en bois, mais dans quelques-unes le premier étage est de pierre de taille : on en compte cent trente ; la plupart sont très-spacieuses. Cette ville est sous la juridiction d'un gouverneur, avec le titre de lieutenant général du président de Panama. A l'extrémité de la ville est le quartier de la Petite-Guinée, ainsi appelé parce qu'il est la résidence de tous les nègres, libres ou esclaves. Ce quartier était autrefois très-peuplé, dans le temps où les galions fréquentaient le port, parce que, pendant la durée de la foire, la plupart des habitants quittaient leur maison de la ville, afin d'être plus près des vaisseaux. Le changement de direction que le commerce espagnol a éprouvé dans ces dernières années a ruiné la ville de Porto-Bélo.

Dans une large plaine, entre la ville et le château de Gloria, s'élevaient des baraques où les matelots des vaisseaux vendaient des sucreries et toutes sortes de comestibles d'Europe ; mais après le temps de la foire, lorsque les vaisseaux étaient prêts à mettre à la voile, toutes les baraques étaient démolies, et le calme renaissait dans la ville, qui devenait déserte comme auparavant.

Le port est capable de recevoir toutes sortes de vaisseaux, et quoique l'entrée en soit très-large, un fort considérable le mettait à l'abri des entreprises de l'ennemi.

Au sud du port est le grand château de San-Iage-della-Gloria ; à l'est de ces fortifications, et à la distance de six cents pieds environ, commence la ville ; sur un des promontoires qui s'avancent dans le port est le petit fort de Saint-Guillaume, à dix toises des édifices. Tous ces ouvrages de fortifications furent détruits en 1739 par l'amiral Vermon, lorsqu'il se rendit maître de la place.

Parmi la chaîne de hautes montagnes qui environnent le port, il en est une remarquable en ce qu'elle domine toutes les autres, et qu'elle sert en quelque sorte de baromètre aux habitants du pays. Cette montagne, nommée *le Capiro*, est à l'extrémité du port, dans la rade de Panama.

Le sommet est perpétuellement environné de nuages d'une épaisseur bien rare dans ce climat : on les appelle *capello* ou *bonnet*, parce qu'ils semblent, en effet, coiffer la montagne; et c'est peut-être de cette circonstance qu'est dérivé, par corruption, le nom de *Capiro*.

Quoi qu'il en soit, lorsque ces nuages deviennent de plus en plus noirs et épais, et qu'ils descendent plus bas qu'à l'ordinaire, c'est un pronostic certain d'une tempête prochaine : si, au contraire, ils s'éclaircissent et remontent plus haut, c'est un signe assuré de beau temps. Il est bon cependant de faire observer que ces changements sont très-fréquents, et quelquefois instantanés. Cette indication n'est donc pas plus satisfaisante que celle des baromètres ordinaires, qui annoncent moins le temps qui va avoir lieu que le temps qui règne actuellement.

La juridiction du gouverneur de Porto-Bélo ne s'étend pas au delà de la ville et des forts, car la campagne environnante est hérissée de montagnes et de forêts impraticables, si l'on en excepte quelques vallées où sont bâties de pauvres fermes.

L'insalubrité du climat de Porto-Bélo est pernicieuse aux étrangers, et même aux naturels du pays. Une langueur effrayante s'empare de tous les membres et conduit souvent au tombeau. La chaleur excessive du climat est encore augmentée par la situation de la ville, au milieu de hautes montagnes qui y réverbèrent les rayons du soleil, et empêchent les vents de la rafraîchir. Les arbres qui croissent sur ces montagnes sont assez touffus pour intercepter la lumière du jour ; la terre ne se dessèche jamais sous leur ombrage ; les exhalaisons continuelles qui s'en émanent forment de gros nuages qui précipitent sur la ville des torrents de pluie ; mais les averses n'ont pas plutôt cessé, que le soleil brille de tout son éclat, et a bientôt ramené la sécheresse, jusqu'à ce que l'atmosphère s'obscurcisse de nouveau par la condensation des vapeurs.

Ces torrents de pluie sont accompagnés d'éclairs et de coups de foudre si terribles, que les hommes les plus intrépides en sont quelquefois effrayés. Le port étant comme encaissé au milieu des montagnes, il serait impossible de donner une idée du retentissement qui s'y fait : ce bruit est encore augmenté par les cris lugubres des singes et des animaux de toute espèce, surtout le soir ou le matin, lorsque l'artillerie des vaisseaux annonce la retraite ou le réveil.

L'inclémence de l'air, la fatigue qu'endurent les plus pauvres habitants pour décharger les vaisseaux, sont propres à détruire les constitutions les plus robustes, et engendrent les maladies mortelles, si communes dans ce pays ; mais ce ne sont pas seulement les ouvriers qui sont attaqués de ces maladies, les personnes qui vivent dans l'oisiveté n'en sont pas elles-mêmes exemptes.

Les galions et autres vaisseaux européens , qui viennent dans ce port , y perdent presque toujours , par l'effet de ces maladies endémiques , la moitié ou au moins le tiers de leurs équipages. C'est pour cela que cette ville passe avec raison pour être le tombeau des Espagnols et de tous les étrangers qui la visitent.

Le nombre des habitants de Porto-Bélo , par toutes ces raisons , n'est pas très-considérable : on y compte à peine trente familles de blancs. Tous ceux qui possèdent quelque fortune vont se fixer à Panama.

Les provisions sont rares , et par conséquent très-chères à Porto-Bélo. Lorsque c'était le rendez-vous des galions , et qu'il s'y tenait une foire à cette occasion, il fallait faire venir de Carthagène et de Panama un copieux supplément de vivres. La denrée qui s'y trouve en abondance , c'est le poisson.

Le pays produit tant de cannes à sucre , que les *chacaras* ou cabanes des fermiers en sont entièrement bâtis.

Il coule du haut des montagnes des ruisseaux d'eau douce, dont quelques-uns serpentent hors de la ville , et les autres la traversent. Ces eaux sont limpides et salubres. Elles excitent l'appétit des personnes qui en font usage.

Cette qualité , qui partout ailleurs serait précieuse, est ici très-funeste. Il est certain que cette eau agit trop fortement sur l'estomac des habitants ; elle leur occasionne des dyssenteries don il leur est difficile de guérir.

Ces petits ruisseaux , en descendant des montagnes , forment , par leur réunion, des étangs des lacs, qui, sous l'ombrage des arbres environnants , conservent une fraîcheur charmante ; le habitants du pays et les Européens nouvellemen arrivés vont s'y baigner régulièrement tous le jours à onze heures du matin.

Comme les forêts touchent presque les murs d la ville , il arrive souvent que des tigres affamé font pendant la nuit des incursions dans les rues et enlèvent la volaille , les chiens et autres ani maux domestiques. Quelquefois ils dévorent le enfants mêmes, car ces animaux féroces préfèren la chair humaine à toute autre nourriture.

On tend de toutes parts des piéges pour prendr les tigres. Les nègres et les mulâtres sont très adroits à les attaquer. Quelques-uns , guidés pa l'espoir d'une modique récompense, vont affronte ces animaux jusque dans leur retraite. Ils s'ar ment , pour cet effet, de lances de cinq à six pied de long , faites de bois très-dur , et dont l'extré mité est durcie au feu. Ils se servent aussi d'un sorte de dague qui a seulement deux pieds et dem de longueur.

Chasse au Tigre

Ainsi armés, ils attendent de pied ferme jusqu'à ce que la bête farouche se jette sur le bras gauche, qui tient la lance, et qui est enveloppé d'une pièce d'étoffe. Quelquefois le tigre, pressentant le danger qui le menace, évite le combat; mais son antagoniste le provoque en le frappant légèrement de sa lance, afin de lui porter un coup plus assuré lorsque l'animal cherchera à se défendre. En effet, à peine le tigre a-t-il senti l'atteinte de la lance, qu'il la saisit avec une de ses griffes, et de l'autre se jette sur le bras de son ennemi. C'est dans ce moment que le nègre lui assène un coup de la dague qu'il tient dans l'autre main. Le tigre furieux se jette en arrière, mais bientôt il revient à la charge : son ennemi lui emporte les griffes à coups de sabre ; il le prive ainsi de ses armes les plus redoutables, et le rend incapable d'agir. Cela fait, le nègre le tue de la manière qu'il lui plaît ; il le dépouille de sa peau, lui coupe la tête, les pieds de devant et de derrière, et retourne dans la ville, étalant glorieusement les trophées de sa victoire.

Parmi les grandes variétés d'animaux de cette contrée, un des plus remarquables est le *paresseux,* ainsi nommé à cause de son indolence. Cette créature, si mal partagée de la Nature, est connue des naturalistes sous divers noms ; Buffon l'appelle Aï. Linné lui a donné le nom latin de *bra-*

dypus tridactylus, à cause des trois doigts qu'il a ordinairement à chaque pied.

Lorsque le paresseux exécute quelque mouvement, il le fait avec un cri plaintif, et en même temps si désagréable, qu'il inspire non moins de pitié que de dégoût. C'est dans ce cri que consiste toute la défense de ce chétif quadrupède. En effet, comme il a coutume de prendre la fuite dès la première menace d'hostilité, le cri qu'il profère écorche tellement l'oreille de son ennemi, que celui-ci abandonne bien vite la partie.

La Nature semble s'être épuisée en combinaisons ingénieuses, pour donner aux différents êtres qu'elle a créés des moyens de défense. Le crapaud lance aux yeux de son ennemi une liqueur corrosive qui, si elle ne prive pas celui-ci de la vue, lui cause une douleur cuisante, et le force de s'arrêter. Le hérisson se tapit en forme de boule, et n'offre plus de prise à la bête carnassière qui veut le dévorer. D'autres animaux, quand ils sont poursuivis, répandent une sorte d'urine tellement fétide, que leur ennemi est obligé de les abandonner. C'est dans les mêmes circonstances que la civette jette la substance odorante que les caprices de la mode ont comprise au nombre des parfums.

Mais ce n'est pas seulement en se mouvant d'un lieu à un autre que le paresseux fait entendre ses cris, il en jette encore lorsqu'il se repose ; il reste longtemps immobile avant de faire une nouvelle démarche.

Cet animal se nourrit habituellement de fruits sauvages. Lorsqu'il n'en trouve aucun à terre , il cherche un arbre qui en soit bien garni ; il escalade cet arbre avec la plus grande difficulté , et , pour se dispenser de le gravir une seconde fois , il abat tous les fruits qu'il peut atteindre. Quand sa récolte est faite , il descend de l'arbre plus vite qu'il n'y est monté , car il se roule comme une boule, et se laisse tomber du haut des branches. Le paresseux se nourrit au pied de l'arbre, jusqu'à ce que tous les fruits soient consommés , et il ne quitte la place que lorsque la faim l'oblige d'aller chercher d'autre proie. On a calculé que ce singulier animal ne faisait pas plus de cinquante à soixante pas par jour.

Les serpents sont très-nombreux dans ce pays , et occasionnent beaucoup de dégâts. Les crapauds y fourmillent également. Non-seulement les marais et les étangs en sont infestés , mais ils se montrent jusque dans les rues , dans les cours des maisons, et dans tous les autres lieux découverts. On ne saurait rien se figurer de plus lugubre que les croassements de ces animaux. On les entend pendant la nuit dans toutes les parties de la ville, dans les bois et dans les cavernes des montagnes.

La ville de Porto-Bélo , qui est si peu habitée pendant la majeure partie de l'année , à cause de l'insalubrité du climat , de la rareté des vivres et de la stérilité du sol , devenait , à l'époque de l'arrivée des galions , un des lieux les plus fréquentés de l'Amérique méridionale. Sa situation sur un isthme , entre la mer du Sud et l'océan Atlantique, la sûreté de son port et son peu d'éloignement de Panama , avaient fait donner à cette place la préférence pour servir de rendez-vous au commerce réciproque du Pérou et de l'Espagne.

Don Antoine Ulloa a visité cette place dans le temps de sa splendeur. « Dès le premier avis que l'on reçoit, dit-il , à Carthagène , que la flotte du Pérou vient d'arriver à Panama , les galions se rendent directement à Porto-Bélo , afin d'éviter les maladies qui ont pour cause première l'oisiveté des équipages. Le concours du peuple est si grand dans ces occasions , que les appartements deviennent d'un prix exorbitant. Une petite chambre , avec les cabinets qui en dépendent , se loue mille écus , tout le temps de la foire : les maisons plus considérables se paient dix ou douze mille francs.

« Dès que les vaisseaux sont à l'ancre , on élève une esplanade carrée , recouverte avec les voiles des bâtiments , pour y déposer leurs cargaisons. Les propriétaires des effets sont présents au débarquement , afin de surveiller le placement des ballots.

« Tandis, continue notre auteur, que les marins et les négociants d'Europe sont occupés à ces dispositions, les routes sont couvertes de mulets qui arrivent de Panama , chargés de lingots d'or et d'argent qu'on envoie du Pérou; malgré la confusion et l'embarras qu'occasionnent toutes ces opérations , il n'y a presque pas d'exemple qu'il se commette des vols ou des pertes quelconques.»

CHAPITRE IV.

Peu de temps après que les mathématiciens français et espagnols furent arrivés à Porto-Bélo, ils en donnèrent avis au président de Panama, le suppliant de leur envoyer quelques-uns des vaisseaux employés à la navigation de la rivière *Chagre*, pour les conduire à Panama. En effet, le soin particulier qu'exigeait le transport de leurs instruments ne leur permettait pas de se hasarder sur les détestables routes qui conduisent par terre de Porto-Bélo à cette ville. Ils s'embarquèrent le 22 décembre à bord de ces bâtiments; à quatre heures du soir ils débarquèrent au bureau de la douane, à l'embouchure de la rivière Chagre.

Cette rivière prend sa source dans les montagnes qui avoisinent la ville de Crucès. Son entrée du côté du nord est défendue par un fort situé sur une roche escarpée; à l'est de la rivière, et à dix toises de ce fort, est la ville de San-Lorenzo-de-Chagre.

Il n'est peut-être point de perspective plus délicieuse que celle que présente ce beau pays; l'imagination la plus féconde d'un peintre ne saurait en donner la plus légère idée. Les bosquets qui ombragent les plaines et étendent jusque sur la rivière leurs branches touffues, sont peuplés de toutes sortes de créatures. Différentes espèces de singes, réunis en troupes nombreuses, sautent d'un arbre à l'autre en se suspendant à leurs branches. On voit quelquefois six ou huit de ces animaux, se tenant étroitement serrés par la queue, traverser ensemble une rivière à la nage : les mères, portant leurs petits sur leurs épaules, prennent les attitudes les plus grotesques; elles font une multitude de grimaces dont le détail paraîtrait peut-être fabuleux et controuvé à plaisir aux personnes qui n'en ont point été les témoins.

Mais si les quadrupèdes présentent dans ces arbres un coup d'œil aussi varié, que dirons-nous des oiseaux dont le plumage étincelle de toutes les couleurs de l'arc-en-ciel?

On y voit des troupes innombrables d'oiseaux propres au pays, et de volatiles semblables à ceux de l'Europe, tels que des paons de montagnes, des paons royaux, des faisans, des tourterelles et différentes sortes de hérons : les uns tout à fait blancs, d'autres d'un plumage bigarré. Enfin les arbres de la rivière Chagre sont garnis de toutes sortes de fruits, entre lesquels on vante particulièrement les pignes ou pommes de pin, qui surpassent celles des autres contrées, par la grosseur, l'odeur et le goût, et que ces qualités réunies font rechercher dans toutes les Indes.

A leur arrivée à Crucès, nos voyageurs furent reçus par l'alcade de la ville. Le 27, ils continuèrent par eau leur voyage jusqu'à Panama, et arrivèrent dans l'après-dîner. Leur premier soin fut d'aller rendre visite au président, qui les accueillit de la manière la plus affectueuse.

Quelques préparatifs indispensables les retinrent à Panama plus longtemps qu'ils ne s'y étaient attendus; mais, à la fin, toutes les difficultés étant levées, ils s'embarquèrent sur la baie de Panama et firent route vers la rivière de Guayaquil.

Panama est bâti sur l'isthme du même nom,

dans cette partie de la côte que baignent les flots de la mer du Sud. Les mathématiciens en calculèrent la latitude, et la déterminèrent de huit degrés cinq minutes quarante-huit secondes et demie au nord. Quant à la longitude, comme elle n'est pas aussi facile à déterminer, ils n'ont pu s'assurer si Panama est à l'est ou à l'ouest du méridien de Porto-Bélo.

Les maisons de cette ville sont pour la plupart de bois, d'un seul étage. Les toits sont couverts de tuiles : leurs dispositions et la symétrie des fenêtres produisent un bel effet. Il y a peu de bâtiments en pierres. Les rues de la ville et des faubourgs sont tirées au cordeau, très-larges et presque toutes pavées.

Les maisons de bois de cette ville passent pour incombustibles, parce que la charpente est d'une nature telle, que le feu la charbonne et la détruit insensiblement sans la réduire en flammes. Par ce moyen, les incendies font peu de progrès et l'on a le temps de les éteindre ; mais quand le feu est violent, le développement de la flamme a lieu comme à l'ordinaire. En 1737 il y éclata un incendie qui réduisit toute la ville en cendres. Il avait commencé dans une cave remplie de brai, de goudron et d'eau-de-vie.

Cette même ville avait été incendiée en 1670 par des pirates anglais, sous la conduite du fameux

Morgan. Le feu y prit d'une manière fort singulière, si l'on en croit Oexmelin, qui a écrit l'histoire des Flibustiers. Un des aventuriers, ayant
reçu une flèche dans l'œil, entra dans une fureur
si terrible, qu'il arracha le dard de la plaie toute
sanglante, garnit la flèche d'étoupes, l'introduisit
dans le canon de son fusil, et tira contre le fort,
dont les maisons étaient couvertes de chaume.
Le trait se trouva si heureusement dirigé, que le
feu prit à la maison, se communiqua aux édifices
voisins, réduisit presque toute la ville en cendres, et força les assiégés de capituler.

Je ne dissimulerai pas, au surplus, que cette
aventure tient un peu trop du merveilleux pour
qu'on puisse garantir la vérité de tous ses détails.

Dans la ville de Panama est un tribunal ou audience royale, que préside le gouverneur de la
province. La capitainerie générale de la Terre-
Ferme est annexée à cet emploi, et on le confère
ordinairement à un officier de distinction. Panama
est aussi le siége d'un évêché : il s'y trouve, en
outre, un tribunal d'inquisition subordonné à celui
de Carthagène.

La côte fourmille de poissons délicieux : on y
pêche particulièrement des huîtres. Au fond de
la mer on trouve quantité de perles : les huîtres
perlières qui les produisent sont en même temps
un excellent manger. La pêcherie des perles est

très-avantageuse aux habitants des îles de cette partie de la baie. Panama, en langue indienne, signifie *endroit poissonneux*. Diverses familles de pêcheurs américains y étaient établies lorsque les Espagnols en firent la conquête, au commencement du seizième siècle, peu de temps après que Vasco Nugnez de Balboa, ayant traversé à pied l'isthme de Darien, découvrit le premier la mer du Sud.

La rade de Perico était, du temps de la prospérité du commerce de ces contrées, le rendez-vous de la flotte du Pérou ; elle est fréquentée dans toute l'année par les navires caboteurs du pays et du bailliage de Choco.

Les habitants de Panama ressemblent beaucoup à ceux de Carthagène, si ce n'est qu'on les accuse de plus de parcimonie. Les femmes s'habillent à la mode de celles du Pérou : dans l'intérieur de leurs maisons elles sont vêtues d'une espèce de chemise à larges manches et garnie de magnifiques dentelles.

Elles portent autour du cou cinq ou six chapelets de verroteries ; elles ont aussi deux ou trois chaînes d'or, auxquelles pendent des reliques ; elles portent autour de leurs bras des bracelets d'or et des rangs de perles de coraux ou de jais.

Les provisions de tout genre sont énormément chères dans cette ville et dans ses environs, à cause de la grande distance des lieux d'où on les tire; mais cette disette se trouve amplement compensée par la multitude et la valeur des perles que l'on pêche dans le golfe. Il y a peu de personnes à Panama qui n'emploient plusieurs esclaves à ce genre de spéculation.

Les propriétaires des nègres choisissent parmi eux les plus intrépides plongeurs, et les envoient chercher au fond des abîmes, au milieu des dangers de toute espèce, les vains objets de parure auxquels néanmoins on attache un prix si considérable. Voici comment se fait la pêche des perles.

Il y a dans les petites îles de ce golfe des huttes où logent les hommes employés à ce travail ; lorsqu'on a choisi le jour de la pêche, ils montent huit, dix ou vingt dans chaque bateau, sous les ordres d'un officier. L'endroit où l'on trouve les huîtres perlières, a ordinairement dix, douze ou quinze brasses de profondeur. Le plongeur passe autour de son corps une corde, dont l'autre extrémité est attachée au bord du bateau; il emporte avec lui une pierre ou un autre corps pesant, pour accélérer sa chute dans l'eau ; lorsqu'il est parvenu au fond, il détache à la hâte trois huîtres: il place la première sous l'aisselle du bras gauche, la seconde dans sa main gauche, et la troisième sous l'aisselle du bras droit; quelquefois il en prend une quatrième dans sa bouche : alors il remonte pour respirer l'air, et met dans un sac le produit de sa pêche. Quand il s'est reposé un temps suffisant, il plonge une seconde fois, et continue ainsi de suite, jusqu'à ce qu'il ait achevé sa tâche, ou qu'il se sente épuisé de fatigue. Chacun des nègres est obligé de livrer, par jour, à son maître, une certaine quantité d'huîtres : lorsqu'il en a ramassé le nombre nécessaire dans son sac, il les ouvre et remet au fur et à mesure les perles à l'officier; tout ce que le nègre peut recueillir de perles au delà de la quantité prescrite, est sa propriété.

Outre la difficulté d'arracher les huîtres, qui adhèrent souvent avec force aux rochers, les plongeurs s'exposent encore au péril d'être dévorés par les requins, ou tellement froissés qu'ils ne puissent plus remonter. Ces dangers sont d'autant plus considérables sur cette côte, que les perles y abondent davantage, parce que la grande fréquentation des hommes y attire les poissons.

Les requins dévorent en un instant, ou mutilent d'une manière affreuse les malheureux plongeurs qu'ils peuvent saisir. Les *mantas* sont des poissons d'une espèce particulière, semblables à la raie par leur forme, mais infiniment plus larges et plus gros. Cet animal vorace se plie autour de l'homme comme une espèce de mantelet; il enveloppe sa proie, et l'étouffe à force de la serrer. Quelquefois aussi les *mantas*, au lieu d'envelop-

per le malheureux plongeur, l'écrasent contre le
fond en tombant sur lui de tout leur poids; ils
l'ont bientôt fracassé contre les roches qui hé-
rissent le fond de la mer.

Chaque nègre emporte pour sa défense un couteau bien aiguisé, avec lequel il s'empresse de
porter un coup à son ennemi; s'il a le bonheur
de l'atteindre, le monstre marin prend aussitôt la
fuite. L'officier qui se trouve à bord du bateau,
épie le moment où il voit s'approcher ces animaux
féroces; dès qu'il en aperçoit un, ce qu'il reconnaît à un mouvement extraordinaire de l'eau, il
agite fortement la corde qui tient le plongeur,
afin de l'avertir du péril.

Outre les perles, le royaume de Terre-Ferme
est encore précieux par la pureté de l'or que produisent ses mines. Une partie des mines sont
dans la province de Veraguas, les autres du côté
de Panama, d'autres enfin, et ce sont les plus
riches, dans la province de Darien; mais les
Indiens s'étant révoltés, et s'étant emparés de la
province de Darien, il a fallu abandonner leur
exploitation.

Entre autres aliments dont se nourrissent les
habitants de Panama, nous citerons l'animal amphibie appelé le *guana* ou *caïman* : il ressemble
au lézard pour la forme, mais il est beaucoup
plus gros, il a environ trois pieds de long; c'est

une espèce de crocodile : il est d'une couleur jaunâtre, tirant sur le vert, mais la teinte jaune est plus remarquable sous le ventre que sur le dos, où le vert domine. Ce quadrupède a quatre griffes très-longues, réunies par une membrane dont il se sert pour se diriger au milieu des eaux; sa peau est toute couverte d'écailles et de tubercules, qui la rendent extrêmement rude ; depuis la tête jusqu'à la naissance de la queue, qui a environ un pied et demi de longueur, il y a une rangée d'écailles verticales : chacune de ces écailles a depuis une jusqu'à six lignes de largeur, et trois ou quatre de longueur ; elles sont séparées de manière à former une espèce de scie ; mais depuis le cou jusqu'à la racine de la queue, la longueur de ces écailles diminue progressivement.

Cet animal marche plutôt dans l'eau qu'il n'y nage, soutenu par les larges membranes de ses pieds : il s'y meut avec une vitesse surprenante, et disparaît en une minute; à terre, au contraire, sa marche est lente et pénible.

Lorsque la femelle est pleine, son ventre acquiert une grosseur prodigieuse ; elle contient souvent soixante œufs aussi gros que ceux des pigeons. Ces œufs sont un objet de friandise dans toute la partie de l'Amérique qu'habite ce quadrupède. La chair du caïman est très-blanche, et les gens du pays la vendent comme délicieuse ; mais peu d'Européens se laissent persuader d'en manger.

L'intérieur de l'isthme de Panama contient peu d'habitants Indiens : c'est du côté de la mer du Nord et sur le bord des rivières qu'on en rencontre davantage. Les indigènes de la côte du sud, que les désastres de la guerre ont épargnés, ont préféré se retirer vers des pays plus méridionaux, que de gémir sous le joug espagnol ; cependant, il n'y a point de partie de l'isthme où l'on ne trouve des Indiens dispersés.

La taille ordinaire des hommes est entre cinq et six pieds : ils sont droits et d'une belle proportion. La plupart ont les os très-gros et la poitrine large ; jamais on n'aperçoit chez eux aucune difformité naturelle : ils sont souples, vifs et légers à la course. Les individus des deux sexes ont en général le visage rond, le nez court et écrasé, les yeux gros et brillants, quoique gris, le front élevé, les dents blanches, les lèvres fines, la bouche petite et le menton bien formé.

Leurs cheveux sont noirs et très-longs : ils les arrangent avec des peignes façonnés à peu près de la même manière que ceux des Indiens de la mer du Sud. Ils se peignent plusieurs fois par jour, et paraissent prendre beaucoup de goût à leur parure. Ils ont soin de s'arracher, un à un, tous les poils de la barbe.

Les hommes se font couper les cheveux dans les grandes occasions ; par exemple, lorsqu'ils ont tué un ennemi à la guerre. Ils y ajoutent une autre marque de distinction, qui est de se peindre tout le corps en noir ; mais cet état ne dure que depuis le jour de l'exploit jusqu'à la première lune. Le vainqueur serait déshonoré et passerait pour un fanfaron, s'il ne faisait aussitôt disparaître son enduit de couleur noire, et s'il ne laissait pas croître ses cheveux. Leur teint naturel est celui de cuivre clair, ou d'orange sèche.

Tous les Indiens de cette contrée, à l'exemple de tous les peuples non civilisés, aiment à se peindre le corps de diverses figures. Ceux de l'isthme et de la Terre-Ferme n'attendent pas même que leurs enfants soient en état de marcher pour leur donner ce bizarre ornement. Ils se font dessiner sur les diverses parties du corps, notamment sur le visage, des figures d'oiseaux, d'hommes et de végétaux. Ils emploient pour cet effet des couleurs rouges, jaunes et bleues, détrempées avec une sorte d'huile : les peintures se renouvellent au bout de plusieurs semaines.

Lionnel Waffer, l'un des compagnons de Dampier, s'étant trouvé au milieu de ces sauvages, sans défense et exposé aux plus grands dangers, ne balança point à se faire peindre et tatouer à la manière des Indiens, pour se concilier leur amitié.

Ils rendent ces traits ineffaçables, en se pique-
tant la peau avec une épine.

Les hommes aiment à se parer d'habits européens. Un de ces sauvages, habillé d'une chemise
de matelot, se croit un personnage important.
Sur la côte du nord ils se revêtent, lorsqu'ils sié-
gent à leurs assemblées, d'une robe de coton à
larges manches, et qu'on ne peut mieux comparer
qu'aux blouses de nos rouliers. Les femmes les
leur portent dans des corbeilles jusqu'au lieu où
ils doivent se réunir.

Un autre ornement des hommes est une plaque
ovale, d'or ou d'argent, qu'ils portent sur la bouche ; elles sont échancrées en dessus, ce qui forme
une espèce de croissant dont les deux pointes abou-
tissent aux narines. Le mouvement des lèvres
donne à ces plaques une agitation continuelle. Au
lieu de plaque, les femmes ont un anneau qui pend
de la même manière, et dont le diamètre et l'épaisseur sont proportionnés au rang de leurs maris.
Ces futiles et ridicules ornements sont ôtés lorsque
l'on veut manger.

Outre cet ornement, ils portent des boucles
d'oreilles et des colliers composés avec des co-
quillages ou des dents de tigre d'Amérique. Leurs
cabanes sont ordinairement écartées les unes des
autres, surtout dans les nouvelles habitations, et
sont toujours au bord d'une rivière. Il s'en trouve,

dans quelques endroits, un assez grand nombre pour former de petites villes, si elles étaient disposées avec plus de méthode. Les Indiens changent de canton lorsqu'ils jugent que celui qu'ils habitent est trop connu des Espagnols. Leurs transmigrations sont peu embarrassantes pour eux, parce qu'ils n'ont pas besoin de jeter des fondements pour leurs édifices ; ils font seulement quelques trous dans la terre, y enfoncent des pieux de sept à huit pieds de haut, et les entrelacent de bâtons qu'ils enduisent d'un mortier de terre. Les toits sont composés de petits chevrons couverts de feuilles. Ils élèvent quelquefois près de leurs villages un fort dont les murs n'ont pas plus de dix pieds de haut, et sont criblés de petits trous par lesquels ils peuvent décocher des flèches contre l'ennemi.

Ils ne cultivent la terre qu'autour de chaque maison. Lorsqu'une habitation change de lieu, le premier soin de chaque Indien est de défricher son champ et d'abattre les arbres, qui demeurent deux ou trois ans dans le lieu où ils tombent, jusqu'à ce qu'ils soient devenus assez secs pour être brûlés. Ils ne prennent pas même la peine de déraciner les souches ; mais la terre étant remuée dans les intervalles, on y fait des trous avec les doigts, et dans chaque trou l'on dépose deux ou trois grains de maïs. Ils arrachent les épis avec la main ; et lorsque le grain est sec, ils le réduisent en farine en l'écrasant entre des pierres fort unies. Ce n'est pas pour en faire du pain ou des gâteaux qu'ils pulvérisent ainsi le maïs; ils le délayent dans de l'eau, et en retirent une liqueur fermentée qu'ils nomment chica-copa. Le fruit du platane leur procure aussi deux sortes de boissons enivrantes. Le même fruit, réduit en gâteaux, ainsi que la pulpe farineuse des ignames, des patates et de la cassave, est employé par eux en guise de pain. Ils assaisonnent leurs viandes avec le piment ou poivre long.

Les hommes, moins indolents que dans les régions plus méridionales, se chargent ici de nettoyer les plantations, d'abattre les arbres, en un mot, des travaux les plus pénibles. Les femmes ont néanmoins des occupations assez dures : elles plantent le maïs et le nettoyent; elles préparent les boissons et tous les aliments. Dans les voyages, elles portent les vivres et les ustensiles de ménage; toutefois leurs maris, loin de les mépriser et de les traiter en esclaves, les aiment beaucoup. Jamais on ne voit un Indien battre sa femme ou lui adresser des paroles outrageantes, quoique la plupart soient querelleurs dans l'ivresse.

Les pères et les mères sont idolâtres de leurs enfants. L'unique éducation des garçons est d'apprendre à nager, à tirer de l'arc, à manier la lance, et leur adresse dans ces exercices est admirable. Dès l'âge de dix ou douze ans, ils accompagnent leurs pères à la chasse et dans leurs voyages. Les filles demeurent dans l'habitation avec les femmes âgées.

Les jeunes filles sont formées de bonne heure aux soins domestiques : elles aident leurs mères dans les travaux du ménage ; elles tressent des cordons d'écorce, font avec certaines herbes de longs filaments soyeux, épluchent le coton et le filent pour leurs mères, qui en fabriquent de bonnes toiles.

Elles tressent aussi le coton pour en faire des franges, et préparent des cannes dont on façonne les corbeilles : les hommes achèvent l'ouvrage. Les paniers et les vases qu'ils en fabriquent sont d'un tissu tellement serré, que, sans être revêtues de laque ou de-vernis, elles peuvent contenir toutes sortes de liqueurs. Les paniers sont si forts, qu'il est difficile de les écraser.

Les jeunes filles demeurent enfermées dans leur famille jusqu'à ce qu'on les demande en mariage, et leur visage est couvert d'un petit voile de coton, qu'elles portent même en présence de leur père.

Non-seulement la polygamie est permise parmi les Indiens de l'isthme, mais aucune loi ne fixe le nombre de femmes que chaque mari peut avoir.

Les mariages sont précédés d'une cérémonie singulière. Le père, ou, en son absence, le plus proche parent de la fille, doit la tenir soigneusement enfermée pendant sept nuits, pour lui marquer apparemment le regret qu'il a de la quitter; ensuite il la présente à son mari. Tous les Indiens du canton sont invités à la fête. Les hommes apportent des haches pour le travail qu'ils ont a faire; les femmes, les garçons, les jeunes filles, apportent des provisions et des présents. Chacun met son cadeau devant la cabane nuptiale, et s'en écarte jusqu'à la fin de la procession. Alors les hommes entrent les premiers dans la cabane : le marié les reçoit, l'un après l'autre, en leur offrant une coupe remplie de quelque boisson fermentée. Les femmes se présentent à leur tour, et reçoivent aussi une coupe de liqueur.

Aussitôt les hommes, armés de leurs haches, courent en sautant vers la portion de terrain qui est assignée aux deux époux, et se mettent à le défricher pour eux. Les femmes et les enfants y sèment du maïs ou d'autres grains convenables à la saison. Tous ensemble y bâtissent une cabane, qui doit être la demeure des jeunes mariés. Lorsqu'ils s'en sont mis en possession, chacun pense à faire du chica-copa : on en fait beaucoup et l'on en boit immodérément; mais avant la chaleur de l'ivresse, le marié, qui apparemment

perd un peu moins la tête que les autres , a soin
de s'emparer des haches et autres armes offen-
sives et de les suspendre au plus haut chevron de
la cabane. Cette fête dure aussi longtemps qu'il
reste de quoi boire , c'est-à-dire ordinairement
trois ou quatre jours.

Les femmes demeurent simples spectatrices
dans ces fêtes ; jamais elles ne boivent ni ne dansent publiquement avec les hommes : elles attendent , pour se réjouir et s'enivrer à leur tour, que
leurs maris soient morts-ivres et endormis dans
leurs hamacs, où elles ont soin de les porter elles-
mêmes.

La chasse est l'exercice que ces Indiens affec-
tionnent le plus. Leur usage est de manger sur-
le-champ la partie du gibier que la chaleur peut
corrompre , mais d'emporter tout ce qui est susceptible de se conserver. Ils ne mangent aucun
animal sans en avoir d'abord épuisé tout le sang.
Ils ne font pas usage de viande plus d'une fois
par jour ; mais à toute heure ils mangent des bananes et d'autres fruits. Chaque cabane est pourvue d'une grosse pièce de bois qui leur sert de
table, et de petits bancs qui font office de siéges.
Chacun a près de soi, à sa droite , par terre, une
calebasse remplie d'eau. Ils avancent le pouce et
l'index de la main droite , les portent au plat qui
contient les viandes, et pour chaque morceau

qu'ils mangent ils trempent leurs doigts dans la calebasse : c'est ainsi qu'ils suppléent au défaut de serviette. Ils ne mangent aucune sorte de pain avec leur viande, mais ils ont une masse de sel dont ils se frottent de temps en temps la langue, afin de s'éguiser l'appétit.

Dans leurs voyages, le soleil leur sert de guide; mais si l'épaisseur des nuages leur cause de l'embarras, ils ont recours aux arbres dont ils observent l'écorce, et le côté le plus épais fait connaître celui du midi.

Ils ne distinguent les semaines, les jours et les heures, que par des signes tirés de diverses positions du soleil, et qu'ils font très-bien comprendre à ceux qui ignorent leur langue. Ils ne comptent le temps passé que par lunes. Leur manière de compter est par unités et dixaines, jusqu'à cent ; mais ils ne vont point au delà.

Waffer raconte qu'en allant à la mer du Sud, le capitaine Sharp avait trente-trois hommes sous ses ordres : les Indiens voulurent compter ce nombre ; un d'eux s'assit, tenant deux poignées de grains de maïs, dont il mettait un dans chaque panier à mesure qu'il voyait passer un Anglais : il en avait déjà compté une grande partie, lorsqu'un accident renversa le panier et interrompit le calcul. Un autre, s'écartant du chemin, entreprit la même opération, et ne put pas davantage en venir à bout. Enfin, quelques jours après, vingt ou trente des plus doctes Indiens recommencèrent le calcul et n'y réussirent pas mieux, apparemment parce qu'il excédait les bornes de leur arithmétique. Un d'eux, pour démontrer l'impossibilité d'y parvenir, prit en main tous ses cheveux et les remua devant l'assemblée : c'était pour exprimer que le compte était aussi impossible à faire.

Les relations des voyageurs donnent peu de détails sur la religion des Indiens de la Terre-Ferme. Corréal pense qu'ils n'ont aucune idée d'une vie future ; d'autres disent qu'ils n'adorent point de Dieu, mais qu'ils craignent le diable, et lui adressent des hommages pour le supplier de ne point leur faire de mal. Les missionnaires que les Espagnols y envoient convertissent de nombreux néophytes à la foi chrétienne. S'ils étaient autrefois anthropophages, comme l'ont prétendu les premiers Espagnols, qui prirent ce prétexte pour les traiter avec la dernière barbarie, ils n'ont conservé aucune trace de cette inclination perverse ; d'ailleurs, la cruauté de leurs vainqueurs a pu les porter momentanément à de tels excès.

CHAPITRE V.

Route des voyageurs français et espagnols à Guayaquil, en côtoyant la mer du Sud. — Adresse des Indiens à la pêche. — Description de Guayaquil. — Construction des maisons et des bateaux. — Notice sur l'*alligator*.

Tout étant prêt pour leur départ, les mathématiciens des deux nations s'embarquèrent à bord du navire *le Saint-Christophe*, commandé par le capitaine don Juan-Manuel Morel, le 9 mars, vers trois heures du soir. Ils jetèrent l'ancre dans la baie de Manta. Leur projet était de parcourir la côte, afin de chercher dans une des plaines la première base d'une des séries des triangles qu'ils devaient continuer jusqu'aux montagnes des environs de Quito. Je prie mes jeunes lecteurs de jeter un coup d'œil sur une carte, afin de se faire une idée de l'immensité d'une telle opération; je les prie, en même temps, de remarquer que nos voyageurs avaient traversé, par terre, l'isthme de Darien, et que leur navigation a lieu désormais dans la mer du Sud, en suivant les côtes d'Amérique.

En conséquence, ces Messieurs se rendirent à pied au village de Monte-Christo, à trois lieues de la côte; mais bientôt il se trouva qu'il était impossible d'exécuter en cet endroit leurs opérations géométriques, à cause du grand nombre de montagnes couvertes d'arbres d'une énorme hauteur : ils se déterminèrent donc à pousser leur voyage jusqu'à Guayaquil, et de là jusqu'à Quito.

La baie de Manta était autrefois remarquable par une pêcherie de perles considérable qui s'y trouvait, mais on en a cessé l'exploitation. Cette baie tire probablement son nom du grand nombre de mantas, ou cabanes d'Indiens, qui s'y trouvaient lorsque l'on employait à la pêche une multitude d'indigènes, qui prenaient le poisson, le salaient, et le transportaient dans l'intérieur des terres.

Les Européens ne peuvent se lasser d'admirer l'adresse avec laquelle les Indiens ont coutume de pêcher. Voici comment ils s'y prennent. Ils jettent d'abord dans l'eau une solive longue de quinze à dix-huit pieds, et d'environ un pied de diamètre ; cette pièce de bois est calculée de manière à soutenir le poids nécessaire, c'est-à-dire, d'un côté un filet considérable, et de l'autre, un Indien debout. Monté sur cette frêle embarcation, à l'aide d'une simple rame, il s'avance en pleine mer, à une demi-lieue de la côte, et y jette son filet. Pendant ce temps-là, un autre Indien, monté sur une pareille solive, s'empare de la corde qui tient à un bout du filet : il en résulte que peu à peu la totalité du filet se développe ; les deux Indiens regagnent la terre, en décrivant chacun un quart de cercle ; leurs camarades tirent le filet, et réunissent au centre la presque totalité du poisson renfermé dans l'enceinte du demi-cercle.

Cette manière de pêcher a beaucoup d'analogie avec la seine, qui est en usage sur nos rivières ; mais l'adresse et l'agilité des Indiens, l'équilibre qu'ils savent garder sur leurs solives chancelantes, sont véritablement dignes d'admiration. En effet, l'agitation continuelle des vagues les met dans la nécessité de changer à tout moment de posture et de faire différents mouvements du corps ; ce qui augmente encore la difficulté, c'est que l'Indien est en même temps obligé d'agiter sa rame et de prendre garde au développement du filet.

Le 12 mars, les mathématiciens d'Europe quittèrent la baie de Manta.

Les bâtiments sur lesquels ils étaient embarqués, passèrent entre la côte et l'île de la Plata. Le 18 du même mois, ils jetèrent l'ancre à l'embouchure de la rivière Tumbez : ils y restèrent deux jours ; et le 25, à cinq heures du soir, ils débarquèrent à Guayaquil, par deux degrés onze minutes vingt-une secondes de latitude méridionale.

Guayaquil est une cité considérable ; elle s'étend sur les deux rives du fleuve, dans un espace d'environ une demi-lieue ; mais sa largeur n'est point proportionnée à sa longueur, parce que ses habitants préfèrent demeurer au bord de l'eau. Les maisons sont bâties en bois, et la plupart couvertes de tuiles : cependant quelques-uns des anciens édifices sont seulement couverts de chaume ; mais le grand nombre d'incendies qui ont dévasté cette ville a forcé de prohiber ce genre de couvertures.

On attribue la plupart de ces incendies à la malveillance des nègres, qui vengeaient de cette manière barbare les mauvais traitements dont les accablaient leurs maîtres.

On a porté les précautions plus loin : afin de prévenir de tels malheurs, on a pris le parti de placer les cuisines à douze ou quinze pas des maisons, avec lesquelles elles communiquent par le moyen d'une longue galerie découverte, assez semblable à un pont, mais si légèrement bâtie, qu'à la première apparence de feu qui se manifeste dans la cuisine, les communications sont rompues en une minute, et le corps du bâtiment est sauvé.

Le terrain sur lequel est bâtie la nouvelle ville et les savannes qui l'entourent, ne sont praticables ni à pied ni à cheval pendant l'hiver; en effet, le sol est très-spongieux et se trouve si bien de niveau dans toutes ses parties, qu'il n'y a point d'écoulement suffisant pour les eaux pluviales. Les premières pluies occasionnent une inondation générale : sous ce rapport, l'ancienne ville possède un grand avantage; elle est bâtie sur un sol graveleux, à l'abri des débordements.

La ville de Guayaquil est défendue par trois forts construits dans un genre moderne. Les églises et les couvents sont de bois, excepté celle de San-Domingo, qui est de pierres de taille. Cette ville est, dit-on, la seconde de celles que les Espagnols ont fondées dans le Pérou : son origine remonte à 1533. Celle de *Piura*, aujourd'hui presque ruinée, est la plus ancienne de toutes.

Le gouvernement de la ville et de la banlieue est entre les mains d'un corrégidor nommé par le roi, et qui reste cinq ans en exercice sous l'autorité supérieure du président et de l'audience de

Quito. Guayaquil est peuplée de vingt mille habitants. L'affluence des étrangers qu'y attire le commerce ne contribue pas peu à la faire fleurir.

Quoique les chaleurs de l'été soient aussi considérables qu'à Panama et à Carthagène, la nature du climat donne cependant aux hommes une teinte de peau différente. Un auteur distingué a comparé ces terrains bas et marécageux de la partie de l'Amérique située sous la ligne, aux Pays-Bas d'Europe. Mais l'analogie est encore plus forte sous le rapport de la couleur des habitants. Tous les créoles, à l'exception de ceux qui proviennent du mélange des différentes races colorées, ont des carnations et des couleurs aussi fraîches que les Hollandais; ce sont, sans contredit, les plus beaux hommes de la province de Quito, et même de tout le Pérou. Il faut ajouter à ces avantages personnels que la nature a donnés à ces habitants, les charmes non moins agréables de l'élégance et de la politesse des manières.

A considérer le commerce de cette ville, un étranger serait porté à la croire plus riche qu'elle ne l'est en effet. A peine un Européen y a-t-il fait quelque fortune, qu'il se retire à Lima, ou dans d'autres villes du Pérou, où il fait valoir ses fonds avec plus de sûreté.

Le cacaotier est fort commun dans ce district. Cet arbre atteint ordinairement une hauteur de dix-huit à vingt pieds; il sort de sa tige, au niveau même du sol, quatre ou cinq rejetons qui ont le plus souvent de quatre à six pouces de diamètre. Ces rejetons croissent obliquement, de manière que les branches forment une espèce de bouquet. La longueur des feuilles est de quatre à six pouces, et la largeur de trois ou quatre. Cette feuille est lisse, douce au toucher, et se termine par une pointe, comme celle de quelques espèces d'orangers; mais elle est d'une couleur différente. Tout le long des tiges, ainsi que sur les branches, croissent les noix qui contiennent le cacao.

Les fleurs de cet arbre sont blanches et peu larges. La noix de cacao ressemble au concombre pour la forme, a six ou sept pouces de longueur, et quatre ou cinq de diamètre; elle est striée ou cannelée d'une manière longitudinale, mais plus profondément que le concombre.

La noix est d'abord de couleur verte comme les feuilles; mais quand elle est parvenue à maturité, elle acquiert une teinte jaunâtre; elle est recouverte d'une écorce épaisse, douce et lisse.

Quand le temps de la récolte est arrivé, on coupe le fruit. La pulpe est blanche, pleine de jus, et contient de petites graines disposées régulièrement : elles sont plus blanches que la pulpe, et composées d'une membrane délicate, remplie d'une liqueur assez semblable au lait, mais transparente et tant soit peu visqueuse. Le goût de cette graine est légèrement acide; dans ce pays on croit qu'elle donne la fièvre.

Le cacaotier rapporte deux récoltes par année : elles sont aussi abondantes l'une que l'autre. La quantité qu'on en recueille dans la seule juridiction de Guayaquil s'élève à cinquante mille charges de mulet. Ce végétal se plaît si fort dans l'eau, qu'il faut inonder les lieux où on le plante. Si les arbres n'ont pas de l'eau en abondance, ils meurent bientôt. Il faut aussi les planter à l'ombre, ou du moins les abriter contre les rayons perpendiculaires du soleil. En conséquence, on les place sous la protection d'arbres plus élevés.

Les bords de la rivière Guayaquil, ainsi que des canaux et des ruisseaux qui s'y jettent, sont ornés de jolies maisons de plaisance et de cabanes occupées par de pauvres gens qui se livrent à la pêche et à l'agriculture. Les espaces intermédiaires entre ces habitations sont remplis de bosquets touffus et charmants.

Les principaux matériaux que l'on emploie dans la construction des édifices sur les bords de ces rivières, sont des tiges de cannes à sucre; l'intérieur même des maisons, comme les murailles, le parquet et les rampes des escaliers, sont formés de la même matière. Dans les grandes maisons, il y a des appartements boisés ou planchéiés.

La manière de bâtir dans ce pays consiste à planter en terre huit, dix ou douze poutres fourchues à leur sommet, qui forment toute la charpente de l'édifice. Il n'y a pas de rez-de-chaussée; tous les appartements sont au premier étage : on place des solives en travers sur les poutres, à la distance de douze ou quinze pieds du sol.

Par-dessus cette espèce de treillage, on place un lit de cannes, épais d'un pied et demi, de manière à produire un plancher aussi ferme et aussi propre que s'il était de bois. Les cloisons des différents appartements sont construites de la même matière, mais les clôtures extérieures sont ordinairement à jour, afin de permettre la libre circulation de l'air.

C'est ainsi que l'on se construit à peu de frais une maison. Les pauvres gens bâtissent eux-mêmes leurs habitations. La partie inférieure de la plupart de ces édifices est entièrement ouverte, et n'est point habitée à cause des inondations qui ont lieu pendant l'hiver; mais ceux des édifices qui, par leur position, sont à l'abri des débordements, ont des rez-de-chaussée meublés de la même manière que les autres appartements.

Les pluies continuelles de l'hiver et la légèreté des matériaux dont se composent ces édifices, rendent indispensable de les réparer dans l'été; mais les maisons des Indiens, bâties avec moins de soins, doivent être refaites depuis le sommet jusqu'à la base.

Tous les habitants sont pourvus de canots, pour aller d'une maison à une autre; ils sont si habiles à manœuvrer ces petits esquifs, que de très-jeunes filles s'y risquent seules, sans craindre de voir leur bateau chavirer.

On navigue sur ces rivières, dans des bateaux qui diffèrent par leur grandeur et la nature de leur construction; on les appelle *chatas* et *balzas*.

Les balzas sont des espèces de radeaux, composés de cinq, six ou neuf pièces de bois, réunies ensemble. La plante qui produit ces morceaux de bois est, suivant toute apparence, la férule des Latins, dont parle Columelle. C'est un bois blanc et poreux, et tellement léger, qu'un enfant peut en porter un morceau long de douze à quinze pieds, et d'un pied de diamètre.

Les balzas ne servent pas seulement à naviguer sur les rivières, on y fait aussi de petits voyages par mer jusqu'à Païta.

Comme les dimensions de ces radeaux sont différentes, on les emploie à divers usages, soit pour la pêche, soit pour transporter des marchandises. Mais il en est qui sont encore plus curieux : on y établit des maisons de campagne flottantes, à bord desquelles on se trouve aussi commodément que si elles étaient fixées à terre. Ces radeaux sur les-

quels on établit une longue suite d'appartements,
ont quelquefois soixante-dix pieds de long, vingt ou
vingt-quatre pieds de largeur; les poutres qui les
composent ont deux pieds ou deux pieds et demi
d'épaisseur. Les plus considérables de ces radeaux
peuvent supporter un poids de quarante à cinquante milliers, sans que l'eau puisse passer par-
dessus, même lorsqu'on navigue sur les côtes de
la mer.

Mais la plus grande singularité qu'offre la construction de ces radeaux, c'est qu'ils louvoient
aussi bien que les vaisseaux ordinaires lorsqu'ils
n'ont pas vent en poupe, et qu'ils font une dérive
peu considérable. En effet, ce n'est point avec des
rames qu'on les dirige, mais avec de longues
planches de bois, placées verticalement à la proue
et à la poupe; on lève et on baisse alternativement
ces madriers, de manière que le radeau fend
l'eau avec plus de facilité, ce qui supplée à la
quille des navires ordinaires.

La propagation des poissons dans le Guazaquil
est considérablement gênée par la multitude d'*alligators*, sorte d'animal amphibie, de l'espèce du
crocodile, et qui vit dans les rivières et sur leurs
bords. Lorsque les alligators sont fatigués de
nager, ils sortent de l'eau pour se reposer au
soleil; on les prendrait, de loin, plutôt pour des
morceaux de bois pourris, que la retraite des eaux

a laissés sur la rive, que pour des créatures animées; mais à peine s'aperçoivent-ils de l'approche d'un bateau, qu'ils se jettent simultanément à l'eau. Il en est d'une grosseur énorme, et qui ont plus de quinze pieds de longueur.

Lorsqu'ils se couchent sur le rivage, ils tiennent leur bouche béante jusqu'à ce qu'elle soit remplie de mouches et d'autres insectes; alors ils ferment tout à coup les mâchoires, et avalent leur proie. Quelque chose qu'on ait dit de la férocité et de la voracité de l'alligator, nos voyageurs se sont assurés qu'il fuit à la vue d'un homme. Son corps est entièrement couvert d'écailles, d'une dureté à l'épreuve des balles de fusil, à moins qu'elles ne le frappent sous le ventre entre les jambes de devant; c'est le seul endroit où il soit vulnérable.

L'alligator est du nombre des animaux ovipares. La femelle creuse un large trou dans la sable, au bord des rivières, et y dépose ses œufs, qui sont à peu près aussi gros que ceux de l'autruche et aussi blancs que les œufs de poule, mais d'une contexture peu solide. Elle en pond ordinairement une centaine; la ponte dure un ou deux jours, et la femelle ne quitte point la place qu'elle n'ait achevé son opération. Elle couvre de sable sa couvée; et pour mieux la cacher, elle remue la terre tout autour à une grande distance.

Après avoir pris cette précaution, elle rentre

dans l'eau jusqu'à ce que l'admirable instinct dont l'a pourvue la Nature, l'avertisse qu'il est temps de délivrer sa progéniture du sable dans lequel elle l'a enterrée ; elle se rend sur la place, suivie du mâle, enlève le sable, et se met à briser les œufs l'un après l'autre ; mais avec tant de soin, qu'il arrive rarement qu'elle les endommage : on voit bientôt pulluler une génération entière de petits crocodiles.

La femelle conduit ses petits dans l'eau ; mais le redoutable gallinazo, oiseau de proie particulier à l'Amérique, épie toutes ses démarches, fond sur la couvée, et en détruit un grand nombre. Le mâle lui-même est venu exprès pour en dévorer autant qu'il lui est possible d'en atteindre, jusqu'à ce que la femelle soit arrivée dans l'eau avec tous ses petits, qui se cramponnent sur son dos et autour d'elle. Cette femelle, qui jusques-là s'est comportée avec toute la vigilance d'une tendre mère, ne manque pas de manger elle-même tous ceux qui ne peuvent se tenir sur son dos ou qui ne savent pas nager ; en sorte que de cette nombreuse couvée, il se sauve à peine quatre ou cinq petits.

Nos jeunes lecteurs remarqueront que la divine Providence a pris des précautions admirables pour empêcher la trop grande propagation de certaines espèces d'animaux nuisibles. Si tous les petits alligators parvenaient à leur entière croissance, ils auraient bientôt détruit la totalité des poissons qui fourmillent dans les rivières de l'Amérique.

Lorsque ces animaux ne peuvent trouver de proie pour rassasier leur faim, ils se traînent dans les prairies qui bordent les rivières ; là, ils dévorent les veaux et les poulains.

Pour mieux s'assurer de leur proie, ils ont coutume de faire leurs expéditions pendant la nuit, afin de surprendre ces pauvres animaux pendant leur sommeil. On observe que lorsque les alligators ont une fois mangé de la chair de bétail, ils y prennent tant de goût qu'ils renoncent au poisson, et n'en mangent plus que dans le cas d'une absolue nécessité. Leur voracité a été trop souvent éprouvée par les marins, qui imprudemment s'endorment ayant un des bras ou une des jambes hors du bateau ; les alligators saisissent dans leur énorme gueule le membre qui est à leur portée, et entraînent dans le fleuve le corps entier de l'infortuné matelot.

Les habitants des lieux où se trouve cette espèce de crocodiles sont très-adroits à les prendre : leur méthode habituelle est de les pêcher avec un bâton de bois très-dur, aiguisé par les deux bouts, et auquel ils mettent, en guise d'amorce, les poumons de quelque animal ; ils attachent à ce bâton une longue corde, dont l'extrémité est fixée à un piquet sur le rivage : l'alligator voyant un aliment fort délicat pour lui flotter au dessus de l'eau, s'empresse de l'avaler; mais aussitôt les deux pointes du bâton entrent dans ses mâchoires et s'y fixent tellement, que l'animal ne saurait plus ni ouvrir ni fermer davantage la gueule; alors on le retire sur le rivage, et les Indiens l'assomment de la même manière qu'ils tuent les taureaux.

Aussitôt que les mathématiciens français et espagnols furent arrivés à Guayaquil, le corrégidor dépêcha un exprès au magistrat de Guaranda, et lui recommanda de faire préparer des voitures pour conduire les voyageurs et leurs équipages au-delà des montagnes; mais le passage ayant été reconnu impraticable, ils furent obligés de rester à Guayaquil jusqu'au commencement de l'été. A cette époque, ils furent informés que les mules qu'on avait retenues pour eux étaient sur la route de Caracol : ils s'embarquèrent tout de suite, le 3 mai 1736, à bord d'un chata, gros bateau du pays, et y arrivèrent huit jours après.

CHAPITRE VI.

Navigation sur la rivière Guayaquil. — Incommodités que causent les mousquites.— Routes difficiles par terre. — Ponts de lianes. — Adresse incroyable des mules pour franchir les précipices. — Réception brillante faite aux voyageurs dans la ville de Chimbo.

Le tourment que nos voyageurs eurent à souffrir pendant leur navigation sur la rivière de Guayaquil, de la part des mousquites, ne saurait se concevoir. La nuit la plus affreuse qu'ils passèrent fut celle où, étant à l'ancre devant une grande et superbe maison qui se trouvait alors inhabitée, ils n'eurent pas plutôt mis pied à terre pour y chercher un logement, qu'ils se virent assaillis de tous côtés

par des myriades de mousquites, qui ne leur per-
mettaient pas de prendre un instant de repos ;
en un mot, aucun expédient imaginable ne pouvait les garantir contre le nombre de leurs ennemis : ils s'avisèrent de brûler quelques troncs
d'arbre, afin que la fumée dispersât ces incom-
modes insectes; mais ils ne firent qu'en attirer
une multitude encore plus considérable. Au surplus, le nom du lieu où ils s'arrêtaient devait les
prévenir de l'incommodité qu'ils auraient à y souffrir : les Espagnols le nomment Port des Mousquites.

A la pointe du jour, les voyageurs ne pouvaient
sans effroi se considérer les uns les autres ; leur
figure, leurs mains, étaient couvertes de piqûres
et d'ampoules ; toutes les parties de leur corps
exposées aux ravages des insectes présentaient
la même apparence.

Ils passèrent la nuit suivante dans la maison
d'un Espagnol, où ils ne furent guère moins tour-
mentés : ils racontèrent à leur hôte la manière
déplorable dont ils avaient été traités la veille ;
mais celui-ci, habitué, comme tous les naturels
du pays, à cet inconvénient, regardait cela comme
une bagatelle.

Toute la route, depuis Caracol jusqu'à Ojibar,
est tellement fangeuse et entrecoupée de maré-
cages, qu'à chaque pas les bêtes de somme enfon-

çaient jusqu'au poitrail ; mais le long des bords de la rivière ils trouvèrent un terrain plus ferme et plus commode.

La maison où ils logèrent avait été abandonnée comme celle dont nous avons parlé plus haut ; elle était devenue en quelque sorte le quartier général d'une innombrable armée, l'asile d'une foule de mousquites de toutes les espèces, dont les piqûres avaient des caractères différents et plus douloureux les uns que les autres.

Quelques-uns des voyageurs, pour échapper à la piqûre des insectes, imaginèrent de se déshabiller et de se plonger dans la rivière, n'ayant que la tête au-dessus de la surface de l'eau ; mais leur visage fut bientôt couvert d'une nuée de mousquites, et la plupart de ces Messieurs préférèrent sauver leur figure aux dépens de leur corps.

Le 16, à midi, ils passèrent dans un endroit appelé *mama-rami*, c'est-à-dire *mer de pierre* : c'est une cascade d'une beauté ravissante : la roche du haut de laquelle s'échappe le torrent est presque perpendiculaire, et a trois cent soixante pieds environ de hauteur des deux côtés ; elle est bordée d'arbres touffus et élevés.

Les flots d'écume qui se forment sur la nappe d'eau la rendent d'une blancheur éblouissante ; en même temps l'œil est charmé de voir se précipiter une masse liquide d'un tel volume ; bientôt après, la rivière suit paisiblement son cours dans un lit d'une pente très-douce.

Ces Messieurs, continuant leur route, traversèrent deux fois la rivière sur deux ponts d'une construction si peu solide, qu'ils n'auraient pas couru plus de danger à la passer à gué.

Ces ponts consistent en légers morceaux de bois réunis au moyen de lianes, sorte de végétal dont la tige herbacée et grimpante acquiert une longueur énorme. Ils tremblent sous le poids des voyageurs, et n'ont pas plus de trois pieds de largeur, sans avoir souvent aucune espèce de garde-fous ou de parapets sur les bords. Une mule qui vient à broncher tombe infailliblement dans la rivière, et ne manque point d'y périr avec sa charge.

Quelquefois, au lieu de ponts, il y a au-dessus des torrents ou des précipices une sorte d'escarpolette qui glisse le long d'une corde, et que des hommes, placés sur le rivage opposé, font mouvoir au moyen d'une corde plus mince qui y est attachée. Les mules ou les chevaux sont enfermés entre des courroies de cuir, et on leur bande les yeux, car, s'ils venaient à s'effrayer, ils pourraient, à force de secousses, faire rompre la corde principale. Ces derniers ponts s'appellent *tarabites*, et les premiers, *bejuques*.

L'estampe que mes jeunes lecteurs trouveront

en tête de ce volume leur donnera, mieux que toute description, une idée juste de ces sortes de ponts de lianes. La raison pour laquelle ils ont si peu de solidité, c'est que, les rivières étant guéables en été, ils ne sont nécessaires que pour l'hiver, et qu'on aime mieux les recommencer tous les ans que de faire, une fois pour toutes, une construction plus coûteuse il est vrai, mais solide et durable.

Nos voyageurs firent halte sur les bords de la petite rivière de Tariguagua, et prirent possession d'une vaste maison construite avec des bois de charpente recouverts de feuilles de palmier, et qui avait été bâtie exprès pour les recevoir.

A Tariguagua on a de fréquentes occasions de reconnaître les effets opposés de la température sur les personnes qui y viennent, les unes de Guayaquil, les autres après avoir traversé les montagnes. Ces dernières éprouvent une chaleur si considérable, qu'à peine peuvent-elles conserver sur elles quelques légers habillements, tandis que les autres s'enveloppent d'autant d'habits qu'elles peuvent s'en procurer.

Ceux qui ont suivi les bords de la rivière trouvent ses eaux d'une chaleur si douce, qu'ils s'y baignent volontiers ; les autres, au contraire, qui ont passé par un climat brûlant, trouvent, par comparaison, ses eaux d'une froideur extrême, et ils évitent d'y plonger.

La même personne s'aperçoit de ce changement, lorsqu'étant venue par les montagnes, elle retourne par eau à Guayaquil, ou réciproquement, pourvu que ce soit dans la même saison de l'année.

A neuf heures du matin, nos voyageurs gravirent la montagne de Saint-Antoine, au pied de laquelle est bâti Tariguagua. A une heure après midi, ils arrivèrent au village de la Croix-de-Cannes, nommé Guamac par les Indiens.

La route de Tariguagua, passant à travers la montagne, est d'une roideur inconcevable; nos voyageurs y éprouvèrent la plus grande fatigue, sans parler des dangers de toute espèce qu'ils couraient à chaque instant. Dans quelques endroits, la descente est tellement escarpée, que les mules ont de la peine à s'y tenir sur leurs pieds; dans d'autres, la montée n'est pas moins difficile.

Quelquefois la route est si étroite, que les mules trouvent à peine de la place pour poser leurs pieds; mais ailleurs elle est entrecoupée de ravins et de crevasses. S'il arrive, par malheur, que la mule pose son pied entre deux de ces trous, ou si elle vient à faire un faux pas, elle tombe avec celui qui la monte; et si, par hasard, la chute a lieu du côté des précipices, l'homme et l'animal périssent inévitablement.

Il est d'autres endroits où la route est hérissée de difficultés d'un autre genre : elle est traversée par des marais, par des terrains humides. Il serait absolument impossible de s'y frayer un passage, si l'on n'envoyait au-devant de soi des Indiens, qui construisent sur le chemin une sorte de petite chaussée avec des pioches qu'ils emportent à cet effet.

Ce travail est continu, car à chaque passage difficile il faut recommencer sur nouveaux frais. Il y a quelque chose de pis : les différents voyageurs ne peuvent profiter de l'industrie de ceux qui les ont précédés, car une seule nuit pluvieuse détruit ces frêles constructions.

Il faut avouer que cet inconvénient d'être obligé d'avoir du monde pour réparer sans cesse la route, la douleur qu'occasionnent les chutes fréquentes des voyageurs, le désagrément d'être couvert de boue, d'être trempé jusqu'aux os, pourraient être supportés avec courage, si l'on n'était en même temps effrayé par la vue d'affreux précipices et d'abîmes d'une énorme profondeur.

La manière de descendre de ces hauteurs n'est ni moins difficile ni moins dangereuse ; mais les mules ont une manière admirable de descendre la route la plus escarpée : elles s'arrêtent tout à coup au sommet de la montagne, ayant leurs pieds de devant fortement serrés l'un contre l'autre ; elles tiennent leurs pieds de derrière dans la même attitude. Après avoir mesuré de l'œil la profondeur de l'abîme, elles se laissent glisser avec la rapidité de l'éclair ; tout ce que la personne qui les monte doit faire, c'est de se tenir fortement cramponnée à la selle sans exciter aucunement l'animal, car le moindre mouvement ferait perdre l'équilibre à sa monture, et l'une et l'autre seraient exposées à une mort certaine.

L'adresse de ces animaux est véritablement étonnante dans cette descente, où ils semblent se laisser entraîner par le seul hasard : ils suivent exactement les détours sinueux de la route ; il semble qu'ils aient reconnu d'un coup d'œil le sentier qu'ils doivent parcourir, et qu'ils aient pris toutes leurs précautions pour éviter les obstacles que leur oppose l'inégalité du terrain.

Mais l'expérience et l'habitude de ces chemins difficiles ne sauraient préserver entièrement les mules d'une sorte de terreur qu'elles manifestent quand elles sont arrivées au sommet d'un précipice ; elles s'arrêtent tout à coup sans que le cavalier tire la bride, et si par hasard celui-ci les excitait à coups de fouet, elles n'en demeureraient pas moins immobiles ; elles ne s'abandonnent à leur bonne ou mauvaise fortune qu'après avoir soigneusement reconnu le terrain. Les Indiens ont coutume d'aller devant, et de se retenir sur les flancs de la montagne, accrochés à des racines et à des troncs d'arbre, excitant ces animaux par leurs cris jusqu'à ce qu'ils se soient élancés au bas de la montagne.

Nos voyageurs descendirent avec plus de facilité vers la province de Chimbo. L'alcade de la province et les principaux habitants de la ville vinrent au-devant d'eux : ils se mirent tous en marche vers Chimbo , sa capitale. Ils furent joints en route par un moine dominicain , suivi d'une troupe de jeunes Indiens convertis au christianisme, et qu'on appelle Cholos dans le pays : une foule d'habitants grossissait le cortége.

Ces jeunes néophytes étaient vêtus de bleu ; un ruban leur servait de ceinture ; ils avaient sur la tête une sorte de turban ; chacun d'eux portait dans sa main un petit étendard ; dans cet équipage , ils formaient deux ou trois détachements , dansant à la manière du pays , et prononçant dans leur langue quelques mots qui exprimaient la joie.

Nos voyageurs , formant une brillante cavalcade , entrèrent comme en triomphe dans la ville, au son des cloches , au bruit des trompettes , des tambourins, et des autres instruments qui se faisaient entendre dans l'intérieur des maisons.

Ces Messieurs furent étrangement surpris d'une telle réception , et témoignèrent au corrégidor qu'elle était au-dessus de leur rang ; mais celui-ci leur dit qu'ils n'avaient aucun lieu de s'en étonner; qu'on en faisait autant pour tous les voyageurs de quelque distinction qui arrivaient dans la ville , et que les différentes sociétés de la province cherchaient à l'envi à se signaler par l'accueil qu'elles faisaient aux étrangers.

Après qu'ils eurent passé les montagnes au delà de Pucara, ils découvrirent , à perte de vue, une vaste plaine , dont l'uniformité n'était interrompue par aucun arbre ni par aucune éminence ; elle était couverte de champs de blé , d'orge, de maïs et d'autres grains.

Le corrégidor les reçut dans sa maison à Guaranda , et les garda chez lui jusqu'au 21 du même mois ; ils se mirent alors en route pour Quito , et y arrivèrent en peu de jours , sans qu'il fût survenu d'autres incidents dignes de remarque.

Sur toute leur route , nos voyageurs admirèrent le grand nombre de gibier et de végétaux de toute espèce qu'on voit dans ces sauvages contrées. Nulle part les cannes ne sont aussi belles que sur le chemin de Guayaquil à Quito : leur longueur ordinaire est entre six ou huit toises : les plus épaisses ont six pouces de diamètre ; chaque tuyau a six lignes d'épaisseur. Quand elles sont ouvertes et aplaties, elles forment des planches larges d'un pied et demi, et très-commodes pour la construction des édifices. La plupart de ces cannes sont remplies d'une eau bonne à boire, et à laquelle on suppose en outre des propriétés médicinales. On observe que pendant la pleine lune les tuyaux sont tout à fait pleins, et qu'à mesure que la lune avance dans son décours, l'eau diminue et finit par disparaître entièrement : l'expérience n'en laissa aucun doute à M. d'Ulloa. Il remarque aussi que l'eau se trouble à mesure qu'elle diminue, et qu'au contraire, dans sa plus grande abondance, elle est limpide comme le cristal. Les Indiens assurent que les tuyaux sortant du même pied ne se remplissent pas tous à la fois, et qu'entre deux pleins, il y en a toujours un qui reste vide (1).

(1) M. Bernardin de Saint-Pierre croit que cette plante, et plusieurs autres qui jouissent d'un semblable avantage, ont été placées dans ces déserts par la nature, afin de donner à boire aux voyageurs fatigués. Mais pourquoi n'aurait-elle pas gratifié d'un don aussi précieux les déserts de l'Afrique et d'une partie de l'Asie, où l'on ne trouve presque point d'eau, tandis qu'il y en a beaucoup dans ceux de l'Amérique, et que, sous ce rapport, la propriété dont jouissent ces roseaux semblerait superflue ? On court toujours risque de s'égarer, lorsque, ne connaissant point les grands desseins que s'est proposés le Créateur, on lui prête des vues mesquines et accommodées exclusivement à nos intérêts.   (*Note du Traducteur.*)

CHAPITRE VII.

Description de la province et de la ville de Quito.

L'audience de Quito, que les géographes appellent aussi royaume de Quito, à l'instar de la
division adoptée pour l'Espagne européenne, qui
se compose de différents royaumes, dépendait,
avant l'année 1718, de l'audience de Lima, capitale du Pérou; mais la cour ayant, à cette époque, établi un vice-roi à Santa-Fé de Bogota,
capitale de la Nouvelle-Grenade, la province de
Quito fut réunie à ce nouvel État.

Je prie mes jeunes lecteurs d'en examiner la

position sur une carte. Ils verront que cette province est arrosée par le *Maragnon*, ou fleuve des Amazones, et qu'elle est traversée par deux branches de la grande chaîne des Cordilières ou Andes. La seule partie de son territoire qui soit bien peuplée, est l'espace que laissent entre elles les deux Cordilières.

L'audience ou royaume de Quito se divise ensuite en plusieurs gouvernements et juridictions. Dans la province d'Ibarra est le lac de Yagarcocha, qui, en langue indienne, signifie *lac de sang*. Ce lieu est célèbre dans l'histoire des Incas, pour avoir été le tombeau d'un grand nombre d'Indiens auxquels le roi Huayna-Capac fit couper la tête, et dont il fit jeter les corps dans le lac, qui en fut rougi.

Il y a dans le canton de Mira d'innombrables troupeaux d'ânes sauvages, qui se multiplient singulièrement, auxquels on fait la chasse, mais qu'on ne prend pas sans beaucoup de peine.

Pour cet effet, les chasseurs s'assemblent en grand nombre, tant à pied qu'à cheval; on fait une battue générale, jusqu'à ce que les ânes épouvantés se trouvent resserrés dans quelque vallon. Dès que ces animaux s'aperçoivent qu'ils sont cernés de toutes parts, ils tâchent de se sauver; et l'un d'eux n'a pas plutôt fait une ouverture, que tous les autres le suivent à la file. C'est

Justement là qu'on les attend : on saisit cet instant pour leur jeter des lacets; on les renverse, on leur lie les jambes, et on les laisse dans cette gênante posture jusqu'à ce que la chasse soit terminée. Afin de les emmener plus facilement, on les accouple avec des ânes domestiques. En liberté, ces animaux sont si braves, qu'on ne s'en approche pas sans danger; ils ruent et mordent avec beaucoup de promptitude; d'ailleurs le meilleur cheval les atteint difficilement à la course. Mais, dès la première charge qu'on leur met sur le dos, ils perdent leur légèreté, leur air farouche, et, devenant les plus paisibles créatures du monde, ils ont bientôt contracté cet air de stupidité et de lenteur qui caractérise leur espèce.

On observe que, quand ils sont libres, ils ne sauraient souffrir l'aspect d'un cheval. S'ils en voient paraître un dans le champ où ils paissent, ils se jettent dessus, sans lui donner le temps de fuir, et ne cessent de le maltraiter et de le mordre qu'après lui avoir ôté la vie. Je laisse à penser les mélodieux concerts qu'on entend sans discontinuation dans les lieux où ces animaux font leur séjour, et qui sont répercutés par les échos des collines et des vallées.

On sème ici le blé d'une manière qui n'est point usitée en Europe : au lieu d'écarter le grain et de le répandre au hasard dans les sillons, on divise les terres labourées en sillons qui se croisent à angles droits et forment des carrés. Au milieu de chaque carré l'on pratique des trous éloignés entre eux d'un pied, et l'on dépose cinq ou six grains dans chacun. Cette méthode est un peu longue, mais on en est dédommagé par l'abondance de la récolte, qui rapporte d'ordinaire cent cinqante pour un.

Ce climat est enchanteur par l'égalité perpétuelle des jours et des nuits, par la continuité du printemps qui y règne, et la grande fertilité de la plupart des districts; mais on rachète chèrement ces avantages par les fréquents tremblements de terre, qui y produisent de grands désastres. Plusieurs volcans sont en activité. Celui de *Carguairaso*, montagne toujours couverte de neige, étant venu à faire éruption, les cendres qu'il vomit, mêlée à la neige fondue par les flammes, formèrent des torrents bourbeux qui, se précipitant avec rapidité sur les campagnes, détruisirent en un instant les espérances des laboureurs, engloutirent les troupeaux, et couvrirent la terre d'une fange noirâtre dont on voit encore les vestiges dans quelques endroits.

Dans le bailliage de Babahoyo, l'inondation périodique des campagnes est très-favorable à la culture du riz et d'une herbe singulière nommée *galamote*. Cette herbe, excellente pour la nourriture des bestiaux, pousse à la hauteur de sept à huit pieds, et en telle abondance, qu'elle couvre toute la terre, jusqu'à causer de l'embarras dans les chemins. Sa tige pourrit dans l'eau, et quand l'inondation a cessé, on la voit couchée sur la vase, dans un état qui ferait croire qu'elle n'est plus bonne à rien. Mais à peine le soleil a-t-il dardé ses premiers rayons, qu'elle recommence à pousser, et en peu de jours elle enrichit les campagnes d'une verdure nouvelle.

Les habitants de Cuença languissent, du moins les hommes, dans une mollesse honteuse. Les femmes, en revanche, sont très-laborieuses : elles font toutes sortes d'ouvrages en laine, savent les teindre elles-mêmes, et, par leur industrie, soutiennent leurs familles, tandis que les maris ne font rien du matin au soir.

M. de Jussieu (Bernard de Jussieu), qui faisait partie de l'expédition, et dont la mission particulière était d'observer les plantes du pays, se rendit à *Loja* pour examiner l'arbre fameux qui produit le fébrifuge connu sous le nom de *quinquina*, et que les Espagnols nomment *cascarille*. Chose étonnante, c'est que ce pays, qui dès lors fournissait du *quinquina* à toute l'Europe, en ignorait lui-même l'usage; les habitants s'imaginaient que les Européens ne recherchaient cette drogue que pour l'employer à la teinture des étoffes. Quoiqu'ils n'en méconnussent pas absolument la vertu, ils la croyaient d'une qualité si échauffante, qu'ils appréhendaient de s'en servir. M. de Jussieu les eut bientôt désabusés par d'heureuses expériences.

L'arbre qui porte cette écorce précieuse n'est pas grand : sa hauteur ordinaire est au plus de quinze pieds. L'écorce des plus gros arbres est la moins bonne. Pour en extraire le *quinquina*, on coupe l'arbre, on le dépouille de son écorce, et toute la préparation consiste à la faire sécher. Depuis si longtemps que l'on coupe de ces arbres, il n'en existerait plus, s'ils ne se reproduisaient par les graines qui tombent. Les montagnes en sont encore couvertes, ce qui n'empêche point que la diminution ne soit très-sensible, parce que les habitans du pays ne songent point à en semer d'autres, et que le nombre de ceux qui croissent d'eux-mêmes n'égale point la quantité de ceux qu'on abat.

La ville de Papayan est une des plus jolies de l'Amérique méridionale; elle est adossée à une montagne boisée, qu'on appelle montagne de l'M, parce qu'elle a la figure de cette lettre de l'alphabet : les rues sont larges et alignées, mais pavées seulement le long des maisons; le milieu est un fonds de menu gravier, qui, ne se convertissant jamais en poudre ni en boue, est plus commode et plus net que le pavé même. Toutes les maisons sont de briques crues, et d'un ordre d'architecture agréable ; la plupart sont meublées à l'européenne, et cela seul doit suffire pour donner une haute idée de la magnificence des habitants, car il est difficile de voiturer par terre, dans ce pays reculé, les marchandises d'Europe ; et cela les rend extrêmement chères.

C'est dans le gouvernement de Maynas que prennent leur source les différents ruisseaux et rivières qui, par leur réunion, forment le célèbre fleuve des Amazones, dont Vincent Pinson découvrit le premier l'embouchure.

Depuis ce temps, on a fait dans l'intérieur du pays différentes excursions pour reconnaître le cours de ce fleuve, mais on n'a pu fixer d'une manière certaine le lieu où il prend réellement sa source.

A l'extrémité d'une plaine spacieuse, dite *Turu-Bamba*, est la ville de Quito. Nos voyageurs y arrivèrent le 29 juin 1738, à cinq heures du soir.

Le président de la province ne s'était pas seulement empressé de leur procurer des appartements dans son palais, mais il les traita pendant trois jours de la manière la plus splendide ; ils reçurent dans cet intervalle la visite de l'évêque, de l'auditeur, des chanoines, des régidors et d'autres personnages distingués, qui semblaient se disputer à qui leur ferait le meilleur accueil.

Ces Messieurs trouvèrent, par leurs observations, que la ville de Quito est située sous la ligne par treize minutes trente-trois secondes de latitude méridionale, et par soixante-un degrés quarante-trois minutes quinze secondes de longitude, à l'ouest du méridien de Ténériffe (environ quatre-vingts degrés à partir du méridien de Paris).

Cette ville, enfoncée dans l'intérieur des terres de l'Amérique méridionale, est située au côté oriental des Cordilières, à environ trente-cinq lieues de la côte de la mer du Sud.

Au nord-ouest, tout près de cette ville, sont les montagnes de Pichincha, célèbres parmi les nations étrangères pour leur surprenante hauteur, mais plus fameuses encore parmi les gens du pays, à cause des prétendues richesses que l'on croit qu'elles contiennent, sans autre certitude qu'une ancienne tradition.

Quito est bâti sur la pente même du mont Pichincha : il est environné de montagnes d'une moindre hauteur. On trouve dans son enceinte un grand nombre de ces crevasses, de ces précipices dont la surface du mont Pichincha est entrecoupée; quelques-unes de ces crevasses sont d'une profondeur considérable; elles traversent les rues, et les maisons ont été construites sur des voûtes.

Il résulte de cette disposition que la plûpart des rues sont irrégulières, et que, dans un terrain moins inégal, cette ville paraîtrait plus étendue.

Dans les environs de Quito sont deux plaines parsemées de terrains cultivés, et de maisons de campagne qui n'ajoutent pas médiocrement à l'aspect agréable qu'elles présentent. Ces deux plaines se réunissent près de la ville, par une langue de terre sur laquelle ont été jetés les fondements d'une partie des édifices.

Il est assez difficile, au premier coup d'œil, de concevoir pourquoi l'on a préféré une situation aussi ingrate, au terrain uni que l'on pouvait choisir dans l'une ou l'autre plaine; mais les premiers fondateurs de Quito semblent avoir moins eu pour objet la beauté de la perspective et la commodité des habitants, que la vanité de conserver un monument éternel de leurs conquêtes, en établissant leur ville sur l'emplacement même de l'ancienne capitale des Indiens. En effet, les Indiens bâtissaient ordinairement leurs villes sur des hauteurs presque inaccessibles, afin d'en rendre la défense plus facile; d'ailleurs les Espagnols, dans le commencement de leurs conquêtes, étaient loin de s'imaginer que cette ville acquerrait un jour le degré de splendeur auquel elle était parvenue, lorsque le tremblement de terre arrivé vers le milieu du dix-huitième siècle la détruisit presque de fond en comble. Il faut même faire observer qu'à l'époque du voyage des académiciens,

Quito commençait déjà à déchoir de son antique splendeur.

Le mont Pichincha paraît avoir été anciennement un volcan ; les premiers conquérants espagnols ont été témoins de quelques-unes de ses éruptions ; mais depuis longtemps il a cessé de vomir des flammes ou même de la fumée, quoique par intervalles il effraye par les mugissements affreux que le vent produit dans ses cavités intérieures. Le sommet le plus élevé du Pichincha est couvert de glaces et de neige ; les habitants de la ville en font des provisions pour rafraîchir leurs liqueurs.

Oublions, s'il se peut, le désastre dont cette ville a été victime, et suivons la description qu'en donnent nos voyageurs ; d'ailleurs elle a dû se relever de ses ruines, au moins en partie ; et il est probable qu'on s'est conformé à l'ancien plan.

La grande place de Quito est carrée : d'un côté est la cathédrale, de l'autre le palais épiscopal ; le troisième côté est occupé par l'hôtel de ville, le quatrième par le palais de l'audience : elle est spacieuse, et ornée au milieu d'une élégante fontaine ; mais le palais de l'audience est dans l'état le plus déplorable ; on en a négligé les réparations au point de le laisser tomber en ruines ; il y a peu d'appartements qui soient habitables.

Les grandes rues sont pavées, mais celles qui

ne le sont pas deviennent impraticables après les fortes pluies, qui dans ce climat arrivent fréquemment.

Il y a encore à Quito deux autres places publiques assez considérables, et d'autres plus petites. C'est dans les carrefours que sont bâtis la plupart des couvents, ce qui leur donne en général une apparence agréable. Les frontispices de ces monuments sont presque tous de beaux morceaux d'architecture.

Les principales maisons de cette ville sont grandes; quelques-unes ont des appartements bien distribués. Elles ont toutes un étage au-dessus du rez-de-chaussée; si elles étaient plus hautes, elles souffriraient davantage des tremblements de terre. En dehors elles sont ornées de balcons; mais les portes et les fenêtres, surtout celles de l'intérieur, sont d'une petitesse choquante, dans le goût des Indiens, qui se persuadent que de petites portes et des fenêtres étroites les mettent plus à l'abri du vent. Les matériaux ordinaires de Quito sont des briques crues et de la boue; cette terre est si compacte et si solide, quand elle est sèche, qu'elle résiste autant que la pierre. Avant la conquête, les Indiens employaient cette même terre pour bâtir leurs maisons et leurs murs : il en existe encore un grand nombre que le temps n'a pu détruire.

La cathédrale, outre la richesse des ornements, était magnifiquement décorée de tapisseries et d'autres objets précieux.

Il existe à Quito plusieurs cours et tribunaux de justice, dont le principal est celui de l'audience royale, institué en 1563. Il y a un officier public qui prend le titre de protecteur des Indiens : il est chargé de traiter les affaires dans lesquelles sont intéressés des naturels indiens, et de plaider la cause de ces malheureux enfants de la nature, que leurs fiers conquérants sont toujours enclins à opprimer.

On célèbre tous les ans dans l'église cathédrale deux fêtes solennelles; l'une, le jour de la Fête-Dieu; l'autre, le jour de la Conception de la Vierge.

La ville de Quito était naguère très-peuplée. Ses habitants peuvent se distinguer en quatre classes : 1° les Espagnols ou blancs; 2° les métis; 3° les Indiens ou naturels du pays; 4° les nègres et leurs descendants, dont le nombre n'est pas aussi considérable à Quito que dans d'autres villes des Indes; car il n'est pas aisé d'y amener des nègres, et d'ailleurs ce sont des Indiens du pays qui cultivent les terres.

Les métis forment à peu près le tiers de la population de Quito, et les Indiens un autre tiers. Toutes ces classes ensemble montent, suivant les calculs les plus dignes de foi, à cinquante ou soixante mille âmes.

On conçoit que les Espagnols sont la caste privilégiée ; cependant don Antonio d'Ulloa présente ceux d'entre eux qui n'ont pas reçu toute leur opulence de leurs aïeux, comme les plus pauvres et les plus misérables des hommes. Ils préfèrent, dit-il, la fainéantise aux richesses, et l'exercice d'une profession quelconque semblerait avilir leur dignité, qui consiste à n'être ni noirs, ni bruns, ni couleur de cuivre.

Les métis, moins orgueilleux, apprennent divers métiers et s'appliquent surtout aux arts libéraux : ils laissent aux Indiens les occupations purement mécaniques. Plusieurs excellent dans ces professions, particulièrement dans la peinture et la scuplture : on a vu un peintre de cette race, nommé Michel de Sant-Iago, dont les ouvrages sont estimés en Europe, et même à Rome. Ces hommes ont en général un talent singulier pour l'imitation. Il y a d'autant plus lieu d'être surpris de la perfection à laquelle ils arrivent, que le plus souvent ils manquent des instruments convenables; mais leur penchant à la paresse est extrême et l'emporte sur toutes leurs bonnes dispositions.

Les Indiens sont sujets aux mêmes défauts, quoique presque tous soient cordonniers, maçons, tisserands, et que les ouvriers de ces métiers pénibles ne vivent du modique salaire attribué à leur travail, qu'au moyen d'une grande assiduité.

Quelques Indiens sont barbiers, et saignent aussi adroitement que nos meilleurs chirurgiens ; toutefois leur aversion pour le travail est telle, que, quand on veut avoir une paire de souliers, il faut faire venir le cordonnier chez soi, lui fournir les matériaux nécessaires, et le tenir enfermé jusqu'à ce que l'ouvrage soit fait.

Les habitants de Quito suivent, pour leur habillement, des modes différentes de celles d'Espagne. Le vêtement des hommes est une casaque sans plis, sous une cape, et elle descend jusqu'aux genoux. L'habit des métis est taillé de la même manière, mais il est de couleur bleue. Les gens de qualité portent de belles étoffes brochées d'or et d'argent.

Le costume des Indiens de la ville est singulier : ils ont d'abord, depuis la ceinture jusqu'au milieu de la jambe, une sorte de caleçon de toile blanche de coton fabriquée dans le pays, et quelquefois aussi de toile d'Europe : la partie inférieure qui va le long de la jambe est ouverte, et garnie d'une dentelle plus ou moins grossière. La plupart ne portent point de chemise, et se couvrent le corps d'une camisole de coton noir, qui a la forme d'un sac à trois trous ; l'un au milieu, et les deux autres sur les côtés : le premier sert à passer la tête, les autres à passer les bras, qui restent nus. Cette camisole couvrant le corps jusqu'aux genoux, ils

mettent par-dessus un *capisago*, espèce de manteau de serge, percé au milieu pour y passer la
tête, qu'ils couvrent d'un chapeau de fabrique du
pays. Telle est leur parure la plus brillante comme
la plus ordinaire : ils ne la quittent pas même
pour dormir. Jamais ils ne changent rien à cette
mode ; jamais ils n'y ajoutent rien ; jamais, non
plus, ils ne se couvrent les jambes et ne portent
de souliers. Ceux qui sont en état de vivre avec
quelque aisance, surtout les barbiers, se distinguent un peu des autres par la finesse des étoffes
dont ils s'habillent ; ils portent des chemises, mais
sans manches. Autour du collet de la camisole
noire, ils ont une dentelle d'environ quatre doigts
de large, qui forme une espèce de fraise, en se
rabattant devant l'estomac et sur les épaules : ils
portent des souliers à boucles d'or ou d'argent,
mais ils n'ont point de bas, ni rien qui leur couvre
les jambes. Au lieu du capisago, ils ont la cape à
l'espagnole ; quelques-uns de drap fin, et galonnée
d'or ou d'argent sur tous les bords.

L'ajustement des dames est garni de riches dentelles ; elles portent leurs cheveux en tresses,
qu'elles croisent près du chignon en forme de bour-
relet. Leur tête est deux fois ceinte d'un ruban
nommé balaca, qu'elles nouent près de la tempe,
du côté où les deux bouts se rencontrent : il est
garni de diamants et de fleurs. Les femmes mé-

tisses (1) ne se distinguent des Espagnoles que par la qualité des étoffes, et en ce que les plus pauvres vont nu-pieds.

Les Indiennes ont deux sortes d'habillements d'une extrême simplicité; cependant les plus riches, celles surtout que l'on appelle *chinas*, lesquelles servent dans les bonnes maisons et les couvents de filles, ont une sorte de jupe fort courte et un mantelet.

Pour toute parure, les Indiennes du commun ont un sac d'une grossière étoffe, arrêté sur les épaules avec deux grosses épingles. Les épouses des caciques, des gouverneurs et autres officiers indiens, ont, de plus, une longue robe blanche. Elles se couvrent la tête d'un linge blanc replié, formant plusieurs replis, et dont le bout pend par derrière; mais ce qui les distingue le plus, c'est qu'elles portent des souliers. Les caciques euxmêmes n'ont pas d'autre costume que celui des métis: ils ont un chapeau et des souliers, seul objet de luxe qui les distingue des Indiens du commun.

Les Espagnols de Quito sont d'une taille haute et bien proportionnée: il en est à peu près de même des métis. Quant aux Indiens, ils sont d'une

____

(1) Quelques auteurs disent *métives*, quoique le masculin soit *métis*.

stature moins haute, mais bien faite : il s'en trouve néanmoins qui sont d'une petitesse monstrueuse. Il y en a d'imbéciles, de muets, d'aveugles, etc. Ils ont tous la tête bien garnie de cheveux, qu'ils ne coupent jamais et qu'ils laissent flotter, même pendant le sommeil.

La plus cruelle injure que l'on puisse faire aux Indiens, c'est de leur couper les cheveux : aussi ne leur inflige-t-on cette peine que pour de grands crimes.

L'eau-de-vie de canne est une boisson très-recherchée dans le canton de Quito. Préparée en *rossolis,* on la sert dans les plus grands repas. Les Européens s'accoutument aisément à cette liqueur, et la préfèrent au vin, non-seulement parce que, venant de Lima, il est à Quito d'une cherté exorbitante, mais parce qu'on lui trouve des propriétés pernicieuses. Le *maté,* autre liqueur confectionnée avec l'herbe du Paraguay, du sucre, du jus d'orange amère ou de citron, et de fleurs aromatiques, est aussi d'un usage très-fréquent, surtout parmi les créoles : ils la préfèrent à toute espèce d'aliments, et en prennent toujours avant leur repas.

Quoique l'ivrognerie soit un des vices dominants que l'on reproche aux Péruviens, elle cède encore à leur passion pour le jeu.

Le peuple, surtout parmi les métis et les Indiens, est singulièrement porté au larcin, et l'exerce avec une adresse surprenante. Les métis, quoique naturellement poltrons, sont de hardis filous : ils enlèvent surtout les chapeaux ; et ces vols ne laissent pas d'être considérables, parce que les personnes de condition, même les bourgeois aisés, portent des chapeaux blancs de castor qui coûtent deux ou trois louis, sans compter qu'ils sont entourés d'un cordon d'or ou d'argent, avec une boucle de diamants ou d'émeraudes, montée en or.

Les voleurs qui travaillent en grand, profitent de la nuit pour appliquer le fer aux portes des boutiques ou des magasins : ils font entrer un de leurs complices par l'ouverture, et restent dans la rue pour recevoir ce qu'il leur fait passer par le même trou.

Ce qui ne contribue pas peu à autoriser le vol à Quito, c'est que l'on ne regarde point comme un crime punissable par les lois le vol des comestibles et des ustensiles de table. Un Indien, ou autre homme du peuple, qui se trouve à portée de dérober une pièce d'argenterie, ne manque jamais cette occasion, et saisit toujours la moins précieuse, dans l'espoir qu'on ne le découvrira pas aussi facilement. S'il est pris sur le fait, il s'excuse par un mot indien fort expressif, qui est passé dans la langue espagnole : ce terme est *yanga*, qui signifie sans nécessité, sans profit, sans mauvaise intention. Il n'en faut pas davantage pour la justification complète du vol. Pourvu qu'il rende l'objet qu'il a pris, on le laisse se retirer ; mais si on ne l'a pas découvert dans l'acte même du vol, et qu'il s'obstine à le nier, il n'y a pas de soupçons ni de preuves qui puissent le faire déclarer coupable.

Si les avantages du climat de Quito n'étaient point rachetés par quelques inconvénients, il n'y aurait pas sur la terre de contrée plus délicieuse ; mais les pluies y sont terribles et presque continuelles : elles sont accompagnées d'éclairs, de coups de tonnerre, et souvent de convulsions intérieures du sol, qui semblent menacer la nature de sa ruine.

Quand il tombe de ces fortes averses, la ville se trouve inondée en un instant ; les rues se changent en rivières, les places publiques en étangs, quoique le terrain soit fort en pente. Ce désordre, qui commence ordinairement à une ou deux heures après midi, continue jusqu'au coucher du soleil : l'air devient alors tranquille, et le ciel d'une sérénité parfaite. Il n'est pas rare que l'on ait plusieurs jours de beau temps ; mais sur quatre ou cinq jours il y en a généralement un où le beau temps est mêlé d'orages et de pluies.

Il y a ici fort peu de distinction entre l'hiver et

l'été. Ce qu'on nomme hiver, ce sont les trois ou quatre mois compris entre décembre et mai ; tout le reste de l'année porte le nom d'été. Le premier de ces deux intervalles est plus orageux ; l'autre a des jours plus sereins. Si les pluies cessent plus de quinze jours, toute la ville est en alarmes, et les habitants font des prières pour obtenir leur retour. Durent-elles sans interruption, les vœux publics recommencent pour les faire cesser : c'est que la sécheresse produit des maladies fort dangereuses, et que l'excès d'humidité est nuisible aux semences.

Au reste, l'air est si pur à Quito, que l'on n'y connaît point la plupart de ces insectes tels que les mousquites, les punaises, etc., qui, dans les pays chauds, font la guerre au repos des hommes. La peste y est inconnue, mais il y existe des maladies qui lui ressemblent beaucoup et font d'affreux ravages.

CHAPITRE VIII.

La ville de Quito devant être la demeure habituelle des savants qui composaient l'expédition, et se trouvant destinée à être comme le centre de leurs mouvements et de leurs opérations, les premiers jours qu'ils y passèrent furent employés à recevoir et à rendre des visites, enfin à satisfaire la curiosité du public autant que la leur.

M. de la Condamine fut le seul qui, par des raisons dont le récit n'est pas sans utilité pour l'instruction des voyageurs, se vit condamné à la retraite. Ses bagages étaient restés en route, à cause de la difficulté et de la longueur des transports, et il ne pouvait espérer de les voir arriver que dans quelque temps. Hors d'état de se présenter avec décence dans le monde, il se retira au collége des jésuites, dont les bons offices lui furent d'une extrême utilité; mais il ne demeura pas pour cela oisif : il fit sceller sur la terrasse du collége un cadran solaire dont le gnomon a de huit à neuf pieds de haut. Il y traça une méridienne qui a toujours servi depuis à faire sonner à l'horloge du collége, qui réglait la ville, onze heures et demie, lorsque le soleil marquait midi précis : usage barbare, dit-il sans autre explication, introduit depuis longtemps à Quito, par des convenances particulières, et consacré par une longue habitude.

Les académiciens commençaient à reconnaître le terrain pour les premières opérations, lorsqu'ils furent arrêtés par un de ces incidents qui humilient les savants, en leur faisant éprouver que la supériorité de leurs lumières ne les met pas au-dessus des nécessités communes. Dans toute leur traversée jusqu'à Porto-Bélo sur les vaisseaux du roi, les ordres du monarque avaient pourvu à la dépense ; mais depuis ce temps les fonds qu'ils avaient gardés entre leurs mains s'étaient rapidement consommés. La distance des lieux, et surtout le défaut de commerce direct entre la France et l'Amérique espagnole , avaient retardé les lettres de change qu'ils attendaient ; et , dix-huit mois après leur départ de Paris ,.ils n'avaient pas encore reçu à Quito de lettres d'Europe. M. Godin , chargé de l'administration des fonds , avait écrit au vice-roi du Pérou la triste position où ils se trouvaient depuis leur arrivée à Quito ; et non-seulement deux mois s'étaient écoulés avant qu'on eût reçu réponse , mais elle était évasive et peu favorable.

Ainsi dénués d'argent , à deux mille lieues de leur patrie , ces hommes distingués par leur savoir se trouvaient presque sans asile. M. de la Condamine offrit de se transporter à Lima , pour faire usage de lettres de crédit qu'il avait sur des banquiers de cette place.

En vendant ou en engageant quelques effets à Quito , l'on recueillit de quoi fournir anx dépenses les plus urgentes , afin de commencer le travail avant la saison des pluies. Le voyage de Lima fut remis au commencement de l'année suivante.

Il n'y a pas moins de quatre cents lieues de Quito à Lima. Un voyageur est obligé de tout porter avec lui , et même son lit. La moitié du chemin passe par un pays si raboteux, qu'il est difficile d'y faire sept lieues par jour. Lorsque M. de la Condamine se mit en marche, le 19 janvier 1737, toute la ville était en mouvement, à l'occasion de l'installation d'un nouveau capitaine général de la province, et des préparatifs d'une course de taureaux ; spectacle dont le goût n'est pas encore éteint en Espagne, et se soutient avec une sorte de fureur dans les possessions espagnoles de l'Amérique. Le voyageur français termina promptement et heureusement ses affaires à Lima, mais il ne se doutait point que pendant son absence on lui suscitait à Quito un procès criminel.

Depuis son départ, le nouveau gouverneur avait eu quelques démêlés avec don Georges Juan et don Antoine d'Ulloa. On ne trouve dans leur relation aucune trace de ces querelles, et leur silence n'a rien d'étonnant ; mais la contestation s'était échauffée au point que le gouverneur envoya des soldats pour les faire arrêter. Le premier qui osa mettre la main sur eux fut blessé, après quoi ils se réfugièrent tous deux dans le collége des jésuites. M. Godin, au nom de ses collègues, avait présenté une requête en leur faveur ; il demandait qu'il leur fût permis de remplir librement les fonctions dont ils étaient investis par ordre de Sa Majesté catholique. M. de la Condamine fut le seul qui, à raison de son éloignement, n'eût aucune part à cette requête ; cependant on fit retomber sur lui tout le poids de l'affaire.

Le gouverneur, embarrassé par cette requête, chercha à rendre suspect le témoignage de la *compagnie française* : c'était ainsi que l'on désignait à Quito les académiciens et leurs associés. Pour cet effet, il imagina les chicanes les plus ridicules.

Chacun de ces Messieurs, ainsi que leurs domestiques, avait vendu, pour les besoins du moment, les meubles ou les bijoux dont il pouvait se passer. Sur ce fondement, le gouverneur les accusa d'avoir contrevenu aux ordres de Sa Majesté catholique par un commerce illicite(1). Une accusation de cette nature était facile à détruire par les personnes présentes ; mais M. de la Condamine n'était pas là pour se justifier. Plusieurs témoins déposèrent qu'ils avaient acheté de ses domestiques des aiguilles, des pierres à fusil et des chemises ; qu'il avait vendu lui-même ou cherché à vendre divers effets à son usage, entre autres quelques chemises à jabot et manchettes de dentelle, un fusil de luxe, un brillant monté en bague, et une croix de Saint-Lazare, enrichie de plusieurs diamants. On en concluait

(1) Les passe-ports accordés aux académiciens portaient expressément qu'ils ne feraient aucun *commerce* dans les possessions espagnoles.

qu'il avait fait la contrebande, de l'aveu de l'ancien gouverneur, et qu'il avait eu un commissionnaire qui tenait boutique ouverte chez les jésuites. Enfin l'on assurait qu'il était allé à Lima, chargé de marchandises défendues.

M. de la Condamine, logé avec distinction dans le principal palais de Lima, s'occupait paisiblement à déterminer, pour ce canton, la longueur du pendule, lorsqu'un gentilhomme du vice-roi vint lui dire de sa part que Son Excellence était persuadée qu'il n'avait pas violé les ordres de Sa Majesté catholique, mais que, sur l'accusation, elle n'avait pu se dispenser d'ordonner à l'alcade criminel de la cour d'aller faire chez lui l'inventaire de tous ses effets.

Ce message imprévu fut en effet suivi de la visite de l'alcade, qui examina avec autant de politesse que d'exactitude les effets et les livres de l'académicien, sans oublier son quart de cercle, sa pendule, ses lunettes, sa boussole et son baromètre. Rien ne lui paraissant de contrebande, M. de la Condamine déclara que de notoriété publique toutes ses malles et celles de ses collègues avaient été scrupuleusement visitées aux douanes. L'affaire fut décidée à sa satisfaction; on n'y aurait même pas donné d'autres suites, s'il n'avait demandé à être déchargé par un arrêt de la cour, ce qui lui fut accordé.

Pendant son absence, ses collègues avaient continué leurs opérations. Nous rendrons compte plus
tard de la manière dont ils procédèrent ; mais afin
de mettre plus de suite et plus d'ordre dans le récit, nous allons achever d'exposer ce qui concerne
M. de la Condamine, et ses excursions dans les
différents districts du pays.

Il revint donc à Quito avec des fonds suffisants
pour les besoins de ses compagnons de voyage.
Outre les observations astronomiques auxquelles
il s'était livré, il avait recueilli à Lima et sur la
route quelques ouvrages précieux fabriqués par
les anciens Péruviens, et divers objets d'histoire
naturelle.

Il employa les premiers jours de septembre à
faire un voyage au delà de la Cordilière orientale,
à *Tagualo*, district peu connu, dont il leva la
carte. En revenant, il se détourna un peu de la
route pour voir le lac de *Quilotoa*, situé sur le
haut d'une montagne, et dont on lui avait fait des
récits merveilleux.

Ce lac est renfermé dans une enceinte de roches
escarpées, et n'a pas plus de deux cents toises de
diamètre. Il s'en fallait alors de vingt toises que
l'eau n'atteignît les bords. On lui assura qu'elle
était montée de cette hauteur depuis un an ;
qu'elle avait près des bords plus de quarante toises
de profondeur, et qu'il était longtemps resté dans

son milieu une ile et une bergerie, que les eaux, en s'élevant peu à peu, avaient enfin tout à fait couvertes. Les Indiens du voisinage assurent que, peu de temps après la formation du lac, il était sorti du milieu des tourbillons de flamme, et que les eaux avaient bouilli plus d'un mois.

Notre voyageur regarda, au premier abord, presque toutes ces assertions comme controuvées; mais depuis son retour en France il a appris, d'une manière positive, qu'en 1740 il s'éleva, pendant une nuit d'hiver, de la surface même du lac, une flamme qui consuma tous les arbustes de ses bords, et fit périr les troupeaux qui étaient parqués aux environs. Depuis ce temps les objets ont conservé leur situation ordinaire. La couleur de l'eau est verdâtre; on lui attribue un mauvais goût, et, quoique les troupeaux en boivent sans inconvénient, on ne voit sur ses bords, ni dans le voisinage, aucune sorte d'oiseaux et d'animaux aquatiques. Il y a beaucoup d'apparence que le bassin de ce lac est le cratère d'un ancien volcan, qui, après avoir été en activité dans les siècles précédents, se rallume encore par intervalles.

Le même voyageur reconnut, avec M. Bouguer, la montagne de *Nabouco*, dont la base est de marbre. On y voit des rochers d'une pierre blanche, aussi transparente que l'albâtre et plus dure que le marbre : elle se casse par éclats, et donne beaucoup d'étincelles sous le briquet. On assure qu'un feu violent la liquéfie. M. de la Condamine, supposant qu'elle pouvait être employée à la fabrication de la porcelaine, en envoya des fragments au cabinet d'histoire naturelle de Paris.

M. de la Condamine reçut de toute la noblesse créole du pays les hommages les plus flatteurs. Son séjour à Elen, petite ville de la province, fut remarquable par ces circonstances : personne n'y parlait français, mais tout le monde l'entendait par écrit. Don Joseph d'Avalos, chez qui il était logé, avait un fils et trois filles d'un âge encore tendre, et qui traduisaient le français à l'ouverture du livre, mais ne savaient point prononcer cette langue. Les trois jeunes demoiselles se distinguaient par toutes sortes de talents agréables ; elles faisaient, au tour, plusieurs ouvrages d'une extrême délicatesse : l'aînée jouait de la harpe, du clavecin, de la guitare, du violon et de la flûte traversière ; elle peignait en miniature et à l'huile, sans jamais avoir eu de maître : encore ne peut-on se procurer que de très-mauvaises couleurs dans ce pays.

Sur la fin du mois d'août 1739, M. de la Condamine et ses collègues, n'ayant pu se défendre d'assister à une course de taureaux qui se faisait à Cuença, y furent témoins d'un événement déplorable. M. Seniergues, chirurgien de la compagnie française, voyageant par conséquent sous la protection de deux souverains, fut assassiné en plein jour, de la manière suivante.

M. Seniergues avait excité la jalousie d'un jeune homme du pays. Le jour de la fête, il était assis tranquillement dans sa loge, et regardait la course des taureaux, lorsque tout à coup il y fut assailli par une populace attroupée. Le brave Seniergues tira aussitôt son sabre, et sa défense opiniâtre contre une multitude de furieux et de lâches assassins présenta un spectacle plus singulier que celui qu'on était venu voir. A la fin, succombant sous le nombre, il reçut plusieurs blessures, dont il expira peu de jours après.

Cet accident faillit avoir des suites encore plus fâcheuses. Le meurtre de Seniergues fut l'occasion d'un soulèvement général contre les mathématiciens, sans en excepter les deux officiers espagnols; et la plupart se virent sur le point de perdre la vie. Heureusement la police vint à leur secours, et réussit à dissiper l'attroupement.

M. de la Condamine, que Seniergues avait nommé en mourant son exécuteur testamentaire, fut contraint d'intenter et de soutenir, pour l'honneur du mort, un procès criminel qui dura près de trois ans. Les coupables en furent quittes pour quelques années d'un bannissement qu'ils n'observèrent point, et pour la condamnation en une amende qui ne fut pas payée. Ils furent même absous après le départ des académiciens.

Les embarras de cet événement, qui donnèrent un nouveau lustre au caractère noble et généreux de M. de la Condamine, furent un peu adoucis par un divertissement d'un autre genre.

Les Indiens du canton de *Tarqui*, parmi lesquels il se trouvait à la fin de décembre, sont dans l'habitude de célébrer annuellement une fête qui n'a rien de barbare ni de sauvage, et qu'ils ont imitée des conquérants espagnols, comme ceux-ci l'avaient empruntée des Maures : ce sont des courses de chevaux qui forment de vrais ballets figurés.

Les Indiens louent pour cette cérémonie des habits de théâtre ; ils se fournissent de lances et de harnais éclatants pour leurs chevaux, qu'ils manient avec peu d'adresse et de grâce. Ce sont leurs femmes qui leur servent d'écuyers dans cette occasion, et c'est le jour de l'année où la misère de leur condition se fait le moins sentir. Les maris dépensent plus en un jour qu'ils ne gagnent dans l'espace d'une année, car le maître ne contribue guère au spectacle qu'en l'honorant de sa présence.

Cette espèce de carrousel eut pour intermèdes des scènes pantomimes, exécutées par de jeunes métis, qui ont le talent de contrefaire parfaitement tout ce qu'ils voient, et même ce qu'ils ne comprennent point. Les académiciens en firent alors une expérience fort agréable.

« Je les avais vus plusieurs fois, dit M. de la Condamine, nous observer attentivement, tandis que nous prenions des hauteurs du soleil pour régler nos pendules. Ce devait être pour eux un mystère impénétrable, qu'un observateur à genoux au pied d'un quart de cercle, la tête renversée, dans une posture gênante, tenant d'une main un verre enfumé (1), tournant de l'autre les vis de rappel de l'instrument, portant alternativement son œil à la lunette et aux divisions graduées, pour examiner le fil à plomb, courant de temps en temps regarder la minute et la seconde à une pendule, écrivant quelques chiffres sur un papier, et reprenant sa première situation.

« Aucun de nos mouvements n'avait échappé aux regards curieux de nos spectateurs. Au moment où nous y pensions le moins, parurent sur l'arène de grands quarts de cercle de bois et de papier peint, assez heureusement imités; et nous vîmes ces bouffons nous contrefaire tous avec tant de vérité, que chacun de nous, et moi tout le premier,

______

(1) Lorsqu'on regarde le soleil à travers une lunette ou un télescope, il est nécessaire de tenir devant son œil un verre noirci, sans quoi l'énergie des rayons concentrés le brûlerait en un instant.   - (*Note du Traducteur.*)

ne put s'empêcher de s'y reconnaître. Tout cela fut exécuté d'une manière si comique, que , n'ayant rien vu de plus plaisant pendant les dix années du voyage, il me prit une forte envie de rire, qui me fit oublier pour quelques moments mes affaires les plus sérieuses.»

Le zèle et les efforts continuels de M. de la Condamine attirèrent sur lui ces disgrâces qui n'accompagnent que trop souvent l'amour passionné des sciences et l'excès du travail. En 1741 , au retour d'une excursion qu'il fit derrière les montagnes à l'ouest de Quito, il fut attaqué d'une fluxion violente dans la tête, fruit des alternatives de froid et de chaud. Il en résulta une surdité qu'il garda toute sa vie; mais il ne s'en livra pas avec moins d'ardeur à la noble entreprise qui l'avait amené dans ces contrées.

En 1743, il visita avec M. Bouguer le volcan de *Pichincha*, le vésuve de Quito, auprès duquel cette ville est située. Ils en étaient voisins depuis sept ans sans l'avoir vu d'aussi près qu'il était naturel de le désirer; en effet, le pic que nos deux savants se proposaient de gravir était le sommet occiden-tal, et c'était sur le sommet oriental qu'ils avaient fait les opérations, dont il sera parlé dans le cha-pitre suivant.

« Je fis chercher, dit-il, à Quito et aux envi-rons, tous les gens qui prétendaient avoir vu de près cette bouche du volcan, surtout ceux qui se vantaient d'y être descendus, et j'engageai celui qui me parut le mieux instruit à nous accompagner. Deux jours avant notre départ, nous envoyâmes dresser une tente à l'endroit le plus commode et le plus à portée de l'objet de notre curiosité. Des mules devaient porter notre bagage, un quart de cercle et nos provisions.

« M. Bouguer prit les devants : quant à moi, j'eus beaucoup de peine à me procurer des muletiers ; plusieurs que j'avais retenus ne remplirent point leurs engagements. Il fallut garder à vue le seul que j'empêchai de prendre la fuite. Je sortis de Quito sur les deux heures après midi, avec un jeune garçon et un valet du pays, tous deux montés, le muletier indien, et deux mules chargées de mes instruments, de mon lit et de nos vivres. Pour plus de sûreté, je ne refusai point un métis qui, de son propre mouvement, s'offrit à me guider. Il me fit faire halte dans une ferme, où je congédiai mon Indien venu de force, après en avoir engagé un autre à venir de bon gré.

« A mi-côte, nous rencontrâmes un cheval à la pâture. Mon Indien lui jeta un lacet et sauta dessus. Quoique les chevaux à Quito ne soient pas au premier qui s'en saisit, comme dans les plaines de *Buenos-Ayres*, je ne m'opposai point à l'heureux hasard qui mettait mon muletier en état d'a-

vancer plus : il paraissait plein de bonne volonté,
lui et ses camarades.

« Nous arrivâmes, un peu avant le coucher
du soleil, au plus haut de la partie de la montagne qu'il soit possible d'atteindre à cheval. Il
était tombé, les nuits précédentes, une si grande
quantité de neige, qu'on ne voyait plus aucune
trace de chemin. Mes guides parurent incertains :
cependant il ne nous restait qu'un ravin à passer,
mais profond de plus de quatre-vingts toises.
Nous voyions la tente au delà. Je mis pied à terre
avec le garçon qui l'avait dressée, pour m'assurer
si les mules pouvaient descendre avec leur charge.
Quand j'eus reconnu que la descente était praticable, j'appelai mes gens : on ne me répondit
point. Je remontai, et je trouvai mon valet seul
avec les mules : l'Indien et le métis qui s'étaient of-
ferts de si bonne grâce avaient disparu. Je ne crus pas
devoir passer outre sans guides : il fallut revenir
sur nos pas, afin de regagner la ferme où j'avais
pris l'Indien qui m'avait quitté. A chaque instant
il me fallait descendre de cheval pour rajuster les
charges, qui tournaient sans cesse ; l'une n'était
pas plutôt remise que l'autre se dérangeait. Mon
valet et le jeune métis n'étaient guère plus habiles muletiers que moi. Je pris enfin les devants
pour aller chercher du secours.

« Il faisait un fort beau clair de lune, et je

reconnaissais le terrain ; mais à peine étais-je à moitié chemin de la ferme, que je me vis tout d'un coup enveloppé d'un brouillard si épais, que je me perdis absolument. Je me trouvais engagé dans un bois taillis bordé d'un fossé profond, et j'errais dans ce labyrinthe sans en retrouver l'issue. J'étais descendu de ma mule pour tâcher de voir où je posais les pieds. Mes souliers et mes bottines furent bientôt imbibés d'eau, ainsi qu'un long manteau à l'espagnole et de drap du pays, dont le poids était accablant. Je glissais et je tombais à chaque pas : mon impatience était égale à ma lassitude. Je jugeais que le jour ne pouvait être éloigné, lorsque ma montre m'apprit qu'il n'était que minuit, et qu'il n'y avait que trois heures que mon supplice était commencé : il en restait six jusqu'au jour.

« Une clarté qui ne dura qu'un moment me rendit l'espérance. Je me tirai du bois, et j'entrevis le sommet d'une croupe avancée de la montagne, sur lequel est une croix qui se voit de toutes les parties de Quito. Je jugeai que de là il me serait facile de m'orienter, et j'y dirigeai ma route. Malgré le brouillard qui redoublait, j'étais guidé par la pente du terrain. Le sol était couvert de hautes herbes, qui m'atteignaient presque à la ceinture, et mouillaient la seule partie de mes habits qui eût échappé à la pluie. Je me trouvais à peu près à cette hauteur où il cesse de neiger et où il commence à pleuvoir. Ce qui tombait, sans être pluie ni neige, était aussi pénétrant que l'une et aussi froid que l'autre. Enfin j'arrivai à la croix, dont je connaissais les environs, mais ne pus trouver une grotte voisine où j'aurais rencontré un asile. Craignant de me perdre encore, je m'arrêtai au milieu d'un tas d'herbes foulées, qui semblaient avoir servi de gîte à quelque bête fauve; je m'accroupis, enveloppé dans mon manteau, le bras passé dans la bride de ma mule, pour la laisser paître plus librement; je lui ôtai son mors, je fis de ses rênes une espèce de licou, que j'allongeai avec mon mouchoir. C'est ainsi que je passai la nuit, tout le corps mouillé, et les pieds dans la neige fondue : en vain je les agitais pour leur procurer quelque chaleur par le mouvement. Vers les quatre heures du matin, je ne les sentis absolument plus. Je crus qu'ils étaient gelés, et je suis encore persuadé que je n'aurais pas échappé à ce danger, difficile à prévoir sur un volcan, si je ne m'étais avisé d'un expédient qui me réussit : je les réchauffai par un bain naturel que je laisse à deviner.

« Le froid augmenta vers la pointe du jour. A la première lueur du crépuscule, je crus ma mule pétrifiée; elle était immobile : un caparaçon de neige, frangé de verglas, couvrait les harnais et la selle. Mon chapeau et mon manteau étaient enduits du même vernis, et roidis par la glace. Je me mis en mouvement; mais je ne pouvais qu'aller et revenir sur mes pas, en attendant le grand jour que le brouillard retardait. Enfin, sur les sept heures, je descendis à la ferme, hérissé de frimas. Le fermier était absent : sa femme, effrayée à ma vue, prit la fuite : je ne pus atteindre que deux vieilles Indiennes qui n'avaient pas eu la force de courir assez vite pour m'échapper. Je leur faisais allumer du feu, lorsque je vis entrer un de mes gens aussi sec que j'étais mouillé. Son camarade et lui, voyant le brouillard s'épaissir, avaient fait halte, et s'étaient mis à couvert, avec mes provisions, sous des cuirs passés à l'huile, qui servaient de couverture à mes mules. Ils avaient soupé à discrétion, et à mes dépens, sous ce pavillon, et dormi sur mon matelas. »

On pense bien que M. de la Condamine ne perdit pas un instant pour retourner à Quito, et réparer la mauvaise nuit précédente. Cependant la fâcheuse issue de cette tentative ne le rebuta point : peu de temps après, de concert avec M. Bouguer, il prit une route à travers les neiges, où ils enfonçaient tantôt plus, tantôt moins, mais rarement au-dessus du genou. Ils atteignirent enfin le haut du rocher, d'où ils virent à leur

6

aise la bouche du volcan. Elle a de huit à neuf cents toises de diamètre ; elle est bordée de roches escarpées, dont la partie extérieure est couverte de neiges : l'intérieure est noirâtre et calcinée. Ce vaste gouffre est séparé en deux, comme par une muraille de même matière, qui s'étend de l'est à l'ouest. Nos voyageurs ne virent aucune fumée sortir du volcan.

C'est vers cette époque qu'eut lieu l'éruption du volcan de *Coto-Paxi*. Nous avons déjà parlé des suites funestes que produisit l'inondation occasionnée par la fonte subite des neiges. La flamme s'élevait d'une hauteur prodigieuse au-dessus de son sommet. La force intérieure qui agite ces montagnes embrasées doit être énorme, puisque le *Coto-Paxi* vomit à trois lieues de distance de gros quartiers de rochers. M. de la Condamine en a mesuré un avait qui de douze à quinze toises cubes (1).

Dans l'incendie de 1744, les cendres furent portées jusqu'à la mer, à plus de quatre-vingts lieues. Ce fait ne surprendra pas, s'il est vrai, comme on l'a publié, que les cendres de l'Etna sont quelquefois transportées jusqu'à Constantinople ; mais, ce qui est plus nouveau, celles de *Coto-Paxi* couvrirent les terres jusqu'à ne plus

(1) Environ douze pieds de hauteur en tous sens.

laisser apercevoir les moindres traces de verdure dans la campagne, à douze ou quinze lieues
de distance du côté de Rio-Bamba.

Cette pluie de cendres avait été immédiatement
précédée d'une pluie de terre fine, d'odeur désagréable et de couleur blanche, rouge et verte,
qui avait été devancée elle-même d'une autre de
menu gravier : celle-ci fut accompagnée, en divers endroits, d'une nuée immense de gros sca-
rabées ou hannetons. La terre en fut couverte en
un instant, et ils disparurent tous avant le jour.

CHAPITRE IX.

Opérations pénibles des géomètres français et espagnols.— Effets terribles du froid. — Dangers que courent les mathématiciens. — Désertions fréquentes de leurs valets indiens. — Nouveaux détails sur la province de Quito.

Après avoir tiré du voyage de M. de la Condamine les détails dont nous avons cru devoir faire précéder le récit des principales opérations entreprises par les académiciens, nous allons faire part à nos jeunes lecteurs des circonstances principales qui ont accompagné les travaux de ces hommes infatigables.

Peu de temps après leur arrivée à Quito, les géomètres espagnols et français eurent soin de déterminer la chaîne des triangles par lesquels ils devaient mesurer un arc du méridien, au sud de cette ville ; en conséquence ils se divisèrent en deux troupes, dans lesquelles les Français et les Espagnols furent répartis, et chacune se retira du côté qui lui était assigné.

Don Georges Juan et M. Godin, à la tête d'une de ces compagnies, s'acheminèrent vers la montagne de *Pambamarca*, tandis que MM. Bouguer, de la Condamine, don Antoine d'Ulloa et leurs compagnons franchirent le plus haut sommet du Pichincha.

L'un et l'autre parti eurent horriblement à souffrir de l'inclémence de l'air, du froid excessif, et des vents impétueux qui, sous ces régions, soufflent avec la plus grande violence.

C'est ainsi que, sous la zone torride et dans le voisinage même de la ligne, où l'on croit que la chaleur doit être insupportable, leur plus grande douleur venait de l'extrême rigueur du froid.

Leur projet était de se dresser, chacun de leur côté, une tente pour s'y mettre à l'abri ; mais le sommet du Pichincha est tellement étroit, qu'il fut impossible d'y en établir une ; il fallut se contenter d'une très-petite cabane, où ces Messieurs avaient de la peine à se retourner.

M. de la Condamine s'était établi sur un point de rocher, à cinquante pieds au-dessus des flancs nus et stériles du Pichincha. Cette roche est tellement escarpée, qu'on ne saurait y monter qu'à pied. Les voyageurs mirent quatre heures pour y atteindre.

Telle était l'intempérie du climat, que nos savants étaient obligés de se tenir presque continuellement renfermés dans leur cabane ; ils étaient presque sans interruption enveloppés dans un brouillard épais, qui permettait à peine de distinguer les objets à la distance de six ou huit pas. Lorsque le brouillard venait à s'éclaircir, les nuages amoncelés présentaient l'aspect d'une vaste mer, au milieu de laquelle le rocher semblait former une île. Du haut de ce rocher isolé et perdu en quelque sorte au milieu du monde, ils entendaient les orages et les tempêtes qui foudroyaient Quito et ses environs ; ils voyaient sous leurs pieds les éclairs embraser les nuages ; ils entendaient le tonnerre gronder au-dessous d'eux ; et tandis que la plaine était inondée par des torrents de pluie, que les édifices étaient menacés par le feu du ciel, ils jouissaient du temps le plus serein. Les rayons vivifiants du soleil modéraient pour un moment la rigueur du froid.

Bientôt les nuages s'élevaient, l'atmosphère épaissie leur offrait à peine un air respirable, la neige et la grêle tombaient sans discontinuation, le vent soufflait avec violence, en sorte qu'ils étaient à tout instant menacés d'être renversés au fond du précipice, ou de se voir ensevelis vivants sous des monceaux de glace et de neige. La force des vents était telle, que la rapidité avec laquelle les nuages fuyaient devant eux, éblouissait la vue.

Quelquefois encore ils étaient alarmés par l'épouvantable fracas des fragments de rocher, qui se détachaient de la cime principale. C'était surtout pendant la nuit que ce bruit était plus terrible, parce que la cause en était douteuse.

Rarement les jours étaient meilleurs que les nuits. Ces Messieurs trouvaient peu de moments pour leurs opérations géométriques, et avançaient très-peu dans leur besogne; cependant ils ne se décourageaient pas, dans l'espoir que le temps ne tarderait pas à revenir plus favorable.

L'unique délassement qu'ils se procuraient, pourrait être regardé comme puérile par des lecteurs superficiels: c'était de faire rouler de gros quartiers de rocher, et de voir jusqu'où ils pourraient les pousser. A leur grande mortification, ils éprouvaient que toutes leurs forces réunies étaient loin d'égaler celle du vent, pour précipiter ces masses du haut en bas. Au surplus, ils ne se

livraient pas avec trop de confiance à ces jeux
d'écoliers, car, s'ils s'étaient écartés de la pointe
du rocher et que quelque nuage fût venu à se
former subitement au-dessus, comme cela était
ordinaire, il leur eût été difficile de regagner leur
abri.

La porte de la cabane était formée de cuirs de
bœuf; ils avaient grand soin d'en boucher les
moindres trous, afin d'empêcher le vent de pénétrer.

« Obligés, dit M. d'Ulloa, de nous renfermer
dans cette misérable chaumière, où presque tout
accès était interdit à la lumière, où les jours, par
leur entière obscurité, se distinguaient à peine des
nuits, nous tenions toujours quelques chandelles
allumées, tant pour nous reconnaître les uns les
autres, que pour pouvoir lire ou travailler dans un
si petit espace. La chaleur des lumières et celle de
nos haleines ne nous dispensaient pas d'avoir chacun notre brasier, pour tempérer la rigueur du
froid. Cette précaution nous aurait suffi, si, lorsqu'il avait neigé abondamment, nous n'eussions
été obligés de sortir, munis de pelles, pour décharger notre toit de la neige qui s'y entassait, et
qui aurait fini par en écraser la fragile charpente.

« Notre nourriture était un peu de riz, avec lequel nous faisions cuire un morceau de viande ou

quelque volaille qu'on nous envoyait de Quito. Au lieu d'eau, pour cette préparation, nous nous servions de neige ou d'un morceau de glace que nous jetions dans la marmite, car nous n'avions aucune sorte d'eau qui ne fût gelée. Pour boire, nous faisions fondre la neige. Pendant nos repas, il fallait tenir l'assiette sur le charbon, sans quoi les aliments étaient gelés aussitôt. D'abord nous avions bu des liqueurs fortes, dans l'idée qu'elles pourraient un peu nous réchauffer; mais elles devenaient si faibles, qu'en les buvant nous ne leur trouvions guère plus de force qu'à l'eau pure; et craignant d'ailleurs que leur fréquent usage ne fût nuisible à notre santé, nous prîmes le parti d'en boire fort peu. »

Leurs domestiques et leurs ouvriers indiens étaient si transis de froid, qu'il était difficile de les déterminer à sortir de leur hutte, où ils faisaient un feu continuel. Tout ce que nos infatigables géomètres purent obtenir d'eux, ce fut qu'ils travailleraient chacun à son tour; mais, malgré cet arrangement, les Indiens ne se livrèrent qu'avec répugnance et paresse aux occupations qu'on leur imposait; ils ne négligeaient aucune occasion de s'évader. Il arriva un matin que les cinq Indiens attachés au service des mathématiciens s'enfuirent tous ensemble. Cet accident faillit avoir une conséquence terrible. Tous les matins, ces hommes venaient enlever la neige qui, pendant la nuit, s'accumulait sur la porte de la cabane des Européens. Si l'un d'eux n'eût éprouvé des remords et ne fût revenu sur ses pas, ces Messieurs seraient morts dans leur hutte, sans en pouvoir sortir.

Plus d'une fois le bruit se répandit dans la province que nos voyageurs avaient été écrasés sous des éclats de roche, ou précipités dans les abîmes par l'impétuosité des vents et des orages. Il y eut en 1758 une circonstance où ce bruit se trouva si bien accrédité, et accompagné de circonstances qui le rendaient si probable, que l'on fit dans la ville de *Canar* des prières publiques et solennelles pour le repos de leurs âmes.

Il n'est pas besoin d'exprimer à nos jeunes lecteurs combien la dureté de ce climat devait occasionner de souffrances à des Européens qui, dirigés par la seule ambition de concourir aux progrès des sciences, s'y soumettaient volontairement et avec un courage vraiment héroïque. Le froid avait enflé leurs pieds et les avait rendus si sensibles à la douleur, qu'ils ne pouvaient plus les approcher du feu. Il ne leur en coûtait pas moins de peine pour marcher. Leurs mains étaient couvertes de croûtes et d'engelures; leurs lèvres se gerçaient; le moindre mouvement qu'ils faisaient pour parler ou pour manger en faisait couler le sang.

Ils étaient assurément, dans une position semblable, fort peu disposés à rire; mais si, oubliant un moment leurs souffrances, leur figure s'épanouissait, l'extension de leurs joues y produisait des crevasses qui ne se guérissaient qu'au bout de plusieurs jours.

Ces Messieurs passèrent plus de trois semaines dans ce lieu de désolation et de douleur; enfin, désespérant de pouvoir continuer leurs opérations de la mesure des triangles, à cause de l'impossibilité d'apercevoir les signaux d'une montagne à l'autre, ils descendirent dans une région moins âpre et plus favorable à leurs observations. Ils y passèrent environ trois mois.

Leurs calculs relatifs au mont Pichincha étant absolument terminés, ils se mirent en devoir de prendre leurs mesures sur un autre point: mais ce ne fut pas sans être un peu découragés à la perspective des maux qu'ils allaient endurer par le froid et par la fatigue. Les lieux d'où ils prenaient leurs mesures étant nécessairement les pics les plus élevés de ces contrées si mal traitées de la nature, le seul moment où il leur fût permis de respirer, c'était lorsqu'ils passaient d'un endroit à un autre.

Après avoir quitté le Pichincha, chacune des deux troupes se dressa une tente de toile, petite à la vérité, mais préférable à une cabane. Ils les établirent d'abord dans un lieu à l'abri des vents impétueux; mais ensuite, trouvant convenable de les faire servir de signaux , ils les placèrent dans des lieux plus élevés, où l'impétuosité du vent les renversait à tout moment.

Les Indiens, qui ne les servaient que malgré eux, et parce qu'ils y étaient contraints par le corrégidor de Quito, lequel les faisait escorter par un alcade, de peur qu'ils ne s'échappassent en route, abandonnèrent tout à fait nos voyageurs dans une de ces stations.

Au surplus, le séjour pénible que firent les mathématiciens sur les sommets glacés de Pambamarca et de Pichincha ne fut que le prélude de l'existence plus dure encore que menèrent les deux compagnies, depuis le commencement d'août 1737 jusqu'à la fin de juillet 1739. Pendant ces deux ans, la troupe dont M. d'Ulloa faisait partie habita trente-cinq sommets différents. L'autre troupe s'établit successivement sur trente-deux pics élevés, sans autre soulagement que l'habitude et une résignation philosophique. Leurs corps finirent par se familiariser avec l'intempérie du climat et la grossièreté des aliments. Ils s'accoutumèrent de même à vivre dans une solitude profonde, au milieu des périls de tout genre.

Toute la suite des triangles étant terminée au sud de Quito au mois d'août 1739, il fallut mesurer une seconde base pour vérifier la justesse des opérations et des calculs. Mais les instruments s'étant détériorés, il fallut retourner à Quito pour les réparer ou en construire d'autres. Ce travail dura une année entière. Alors tous les mathématiciens se rendirent à Cuença, où un ciel nébuleux mit autant d'entraves à leurs occupations qu'en avaient occasionné les neiges et les frimas.

D'après ce que nous avons fait observer, il est facile de se convaincre que, pour juger sainement de la température de Quito, l'expérience devait corriger les erreurs dans lesquelles entraînerait infailliblement la simple théorie. En effet, si nous n'étions pas à cet égard éclairés par des témoignages incontestables, qui pourrait se persuader que sous le ciel le plus ardent de la zone torride et sous l'équateur lui-même, dans un lieu où le soleil darde perpendiculairement ses rayons sur la terre, non-seulement la chaleur puisse être supportable, mais qu'il y ait même des endroits où le froid est plus vif qu'il ne l'est en Europe par les hivers les plus rigoureux ? Qui pourrait croire au contraire qu'au pied de ces mêmes montagnes il règne un printemps éternel, que les prairies sont sans interruption émaillées de verdure, que la rosée matinale les rafraîchit et s'y répand tous les jours en une multitude de petits globules plus limpides que le cristal, plus éblouissants que les perles de l'Orient ?

La douceur de ce climat, placé entre les deux extrêmes du chaud et du froid, l'égalité perpétuelle des jours et des nuits permettent non-seulement d'habiter les lieux où les anciens croyaient qu'aucune créature ne pouvait respirer, mais tous ces avantages réunis en font un séjour aussi agréable que la campagne est fertile.

La nature a tellement prodigué ses faveurs aux environs de Quito, que cette contrée est infiniment préférable aux zones tempérées, où les vicissitudes de l'été et de l'hiver, les passages subits du froid au chaud font plus vivement encore sentir ces deux extrêmes.

Les circonstances qui rendent ce pays si délicieux proviennent de l'union ou plutôt du combat et du choc continuel des causes les plus opposées. L'élévation prodigieuse des montagnes donne moins d'activité à la réverbération des rayons solaires; les vents sont plus rapides, et la congélation des liquides est favorisée par la subtilité même de l'air.

Loin de Quito, la chaleur est insupportable; mais entre ce climat brûlant et l'air glacial des montagnes il y a un moyen terme où ces deux extrêmes se balancent mutuellement. Cette compensation favorise l'épanchement d'une rosée bienfaisante et presque insensible. La terre, réchauffée par les rayons du soleil, fournit en même temps aux plantes cette humidité nécessaire sans laquelle il n'y aurait point de végétation. De là résulte que dans un même jardin, dans un même verger, on rencontre à la fois et les fleurs et les fruits de toutes les saisons de l'année.

Il est cependant une époque de l'année où l'on fait la récolte la plus abondante; il y a aussi des temps fixés pour les semailles. Telle est la variation du climat dans cette contrée, que deux districts situés à deux ou trois lieues seulement l'un de l'autre, ont des époques différentes pour l'ensemencement des terres et pour la moisson.

Quelquefois on sème du grain sur un côté d'une montagne, tandis que du côté opposé on recueille le produit de celui qui, six mois auparavant, a été déposé dans les sillons : il n'est même pas rare que ces opérations si différentes se fassent sur les mêmes flancs de la montagne, mais à des élévations inégales, en raison d'autres circonstances physiques : toutes ces exceptions, loin de contredire ce que nous avons dit plus haut sur la fertilité de cet heureux climat, ne font que le confirmer.

La plupart des villages et des villes étant bâtis sur le côté des montagnes, on ne doit pas s'attendre à trouver de régularité dans la construction des édifices : à l'exception de l'église et du presbytère, toutes les habitations ne sont construites que d'argile pétrie.

CHAPITRE X.

Tandis que les mathématiciens espagnols travaillaient avec activité à mesurer leurs triangles dans la province de Quito, le vice-roi du Pérou leur envoya l'injonction de se rendre sur-le-champ à Lima, où l'on avait besoin de leur secours pour concerter des moyens de défense contre le projet d'invasion que manifestaient les Anglais. On venait d'apprendre que l'escadre du commodore Anson se préparait à entrer dans la mer du Sud, et l'on avait besoin d'ingénieurs pour diriger les fortifications des côtes.

Don Georges et don Antoine s'empressèrent d'obéir aux ordres du vice-roi : ils partirent de Quito le 30 octobre, et prirent la route de Guaranda et de ·Guayaquil.

Ils arrivèrent le 17 novembre à Salto ; deux jours après, ils atteignirent *Tumbez*, en traversant un désert aride dont une partie est périodiquement envahie par la marée, et l'autre couverte de sables incultes. Ce sable est d'une blancheur extrême ; il· réfléchit avec tant de vivacité les rayons du soleil, qu'on ne saurait en supporter la vue, et qu'on ne peut voyager que la nuit dans cet endroit.

C'est à Tumbez que débarqua, en 1526, le célèbre François Pizarre, l'un des conquérants du Pérou, et l'impitoyable persécuteur des Incas. Le long des bords de la rivière on trouve en abondance toutes les productions, tous les fruits des tropiques : il y a dans l'intérieur des terres un arbre de la famille des légumineux, nommé *algarrobale*, qui produit des espèces de haricots excellents pour la nourriture du bétail.

· De Tumbez ces Messieurs se rendirent à Piura. Ils firent péniblement ce voyage en cinquante-quatre heures. Arrivés à l'extrémité de cette partie de leur route, ils virent une mine de goudron minéral. Une grande partie des produits de cette mine est exportée à Callao; le reste sert à goudronner et à calfater les vaisseaux; mais l'on dit que ce bitume brûle et détruit en peu de temps les cordages.

La ville de Piura est le premier établissement que les Espagnols aient formé dans le Pérou. Pizarre en jeta les fondements en 1531, c'est-à-dire cinq ans après son arrivée. Cette ville, située par cinq degrés onze minutes de latitude méridionale, est la résidence d'un corrégidor. La rivière qui la traverse fournit aux habitants de grandes commodités, et répand la fertilité dans les environs; mais elle se tarit généralement en été : on est obligé de creuser des puits dans le canal qu'elle occupe.

Ces Messieurs, en continuant leur voyage, arrivèrent à Séchura, qui est éloignée de Piura d'environ dix lieues. Un désert sablonneux sépare ces deux villes.

Après plusieurs autres haltes, les savants espagnols arrivèrent à Monope : l'étendue et l'aspect uniforme de la plaine par où ils passèrent, l'agitation continuelle des flots de sable qui effacent en un instant les traces des précédents voyageurs, rendent cette route si peu praticable, que les guides les plus expérimentés s'y égarent souvent. Les guides indiens ont néanmoins une sagacité admirable pour découvrir ces vestiges, bien qu'ils soient effacés : ils déterminent le véritable chemin en flairant le sable, qui est toujours plus ou moins imprégné de l'odeur de la fiente des mules.

Sous les murs de Monope coule la rivière de Pozuocas, qui se dessèche également en été. Les mules qui parcourent cette route font preuve d'un instinct admirable; elles sentent à quatre lieues de distance le voisinage de l'eau, et se trouvent tellement aiguillonnées du désir d'y arriver, qu'il est difficile de les obliger à modérer leurs pas.

Après avoir passé par diverses villes dont l'énumération serait insignifiante, nos voyageurs arrivèrent à Truxillo, dans la vallée de Chimbo. Quoique le terrain des environs soit d'une aridité extrême, la route est néanmoins des plus agréables. Cette ville est entourée d'une muraille de pierre. L'étendue de son enceinte permet de la compter au nombre des cités de troisième ordre. Elle est à environ une demi-lieue de la mer. L'extérieur des maisons est propre et décent.

Dans ce climat on trouve une ligne de démarcation très-sensible entre l'été et l'hiver. La vallée entière est d'une grande fertilité; de sorte que les habitants y recueillent en abondance non-seulement tout ce qui est nécessaire à leur consommation, mais ils peuvent encore exporter au dehors du froment et du sucre. A une lieue de la ville est une rivière dont les eaux sont conduites par mille canaux à travers cette contrée délicieuse.

Enfin, après un voyage pénible de deux cent soixante-six lieues, voyage dont la plus grande partie fut faite durant la nuit, ces Messieurs atteignirent la ville de Lima, capitale des possessions espagnoles dans le Pérou.

Cette ville est bâtie dans la vaste et délicieuse vallée de *Rimac,* mot indien que les Espagnols ont, par corruption, changé en celui de Lima. On dit qu'il provient originairement d'une idole à laquelle les Indiens offraient des sacrifices humains. Les Indiens étaient persuadés que cette idole répondait à leurs prières ; ils l'appelaient Rimac, ce qui signifie en leur langue *le parlant,* ou *celui qui parle.* On nommait autrefois Lima la ville de *los Reyes,* ou des Rois, parce qu'elle a été fondée le jour de l'Épiphanie, ou 6 janvier 1535, sous les auspices de François Pizarre.

La situation géographique de Lima est par douze degrés deux minutes trois secondes de latitude méridionale, et soixante degrés trente-deux minutes cinquante-huit secondes de longitude à l'ouest du méridien de Ténériffe. Sa position est une des plus agréables qu'on puisse concevoir : elle est bâtie dans une vallée considérable, bordée du côté du nord par la Cordilière des Andes.

La rivière *Rimac* traverse cette vallée ; et lorsqu'elle n'est pas enflée par les torrents qui se précipitent du haut des montagnes, il est assez facile de la passer à gué. On a construit sur cette rivière un élégant pont de pierre où l'on entre, d'un côté, par une porte superbe. Cette porte conduit à la grande place de Lima.

La forme de cette ville est celle d'un triangle dont le grand côté s'étend sur les bords de la rivière : sa longueur est d'environ deux tiers de lieue, et sa plus grande largeur d'un peu moins d'une demi-lieue. Elle est enceinte d'une muraille de pierre bâtie avec très-peu de régularité, et flanquée de trente-quatre bastions que l'on n'a pas pris la peine de rendre très-formidables, car ils ne sont destinés qu'à défendre la ville contre une surprise de la part des Indiens. Les rues sont pavées ; au milieu coulent des ruisseaux enfermés sous des voûtes.

La plupart des maisons de cette ville sont basses, mais commodes, et d'un extérieur agréable. On croirait ces édifices bâtis de matériaux très-solides, tant les murs sont épais, sans compter les fausses corniches dont ils sont décorés. Le corps de la maison est d'abord construit d'une charpente que l'on couvre d'un treillis de cannes sauvages en dedans et en dehors, ou d'osier, afin de mieux cacher la carcasse ; le tout est soigneusement récrépi en plâtre. On met à l'extérieur une couche de chaux pour le blanchir, après quoi on le peint en couleur de pierre de taille, et avec des lignes qui figurent les jointures de chaque pierre supposée. On en fait de même pour les corniches. Les personnes qui ne connaissent point cette manière de bâtir s'imaginent, au premier coup d'œil, que les maisons sont toutes composées des matériaux qu'elles représentent. Les toits sont plats et unis ; on ne leur donne que l'épaisseur nécessaire pour défendre l'édifice des coups de vent et des rayons du soleil. Sur les planches qui forment ces toits, et qui présentent en dedans d'assez jolies moulures, on met à l'extérieur une couche d'argile, qui suffit pour émousser en quelque sorte les rayons du soleil. Comme il ne pleut jamais beaucoup dans ce pays, il n'est pas besoin de plus grandes précautions.

Les cannes sauvages dont on forme les murs sont de la grosseur et de la longueur de celles d'Europe, avec cette différence qu'elles sont massives et nullement creuses au milieu : le bois en est fort, très-souple, et peu sujet à la corruption. Dans les quartiers éloignés du centre, il y a, dans l'intérieur de la ville, des vergers et des marais remplis de toutes sortes de fruits et de légumes. L'enclos des principales maisons renferme des jardins que la multiplicité des canaux donne toujours la facilité d'arroser.

La raison de la légèreté des édifices est toute simple ; ils résistent mieux aux tremblements de terre qui menacent continuellement cette ville. Les convulsions intérieures du sol sont le fléau le plus terrible de Lima et des environs : elles viennent d'une manière si subite, et se répètent si fréquemment, que jamais il n'y a entre les différents tremblements de terre un intervalle assez considérable pour faire oublier les ravages de ceux qui ont précédé.

Quoique ces révolutions arrivent presque soudainement, il y a cependant d'ordinaire des indices qui les annoncent, et auxquels les habitants se sont familiarisés par une trop funeste expérience : on entend, sous ses pas et dans les cavités souterraines, un grand bruit une minute avant de ressentir le grand choc ; il semble que les entrailles de la terre soient agitées par un mouvement spontané. On est encore averti par un aboiement particulier des chiens. La finesse de l'odorat de ces animaux leur permet sans doute de sentir les émanations sulfureuses qui commencent à s'échapper de la terre : ils ont ainsi une sorte de pressentiment du danger ; les bêtes de charge et les autres animaux qui marchent dans les rues s'arrêtent tout court ; par un instinct naturel, ils écartent les jambes pour ne pas tomber.

Dès que l'alarme est donnée, les habitants fuient de leurs maisons et se répandent dans les rues pour y chercher une sûreté qu'ils ne trouveraient point sous leurs toits. Ils sortent dans l'état où ils se trouvent, et sans y faire réflexion ; en un mot, ils fuient avec une précipitation telle, que, quand un pareil désastre arrive pendant la nuit, ils sont presque tout nus. Si dans une consternation aussi générale, ce spectacle pouvait être contemplé de sang-froid, tant de figures singulières feraient une scène fort comique. Qu'on se représente avec cela les cris des enfants, les lamentations des femmes, celles même des hommes, et les hurlements des chiens qui continuent. La terreur des habitants ne cesse pas lorsqu'ils ont éprouvé le premier choc ; personne ne se hasarde encore à rentrer dans sa maison, quoiqu'elle ait résisté à cette secousse : l'expérience a trop souvent appris qu'elle peut se réitérer, et que les malheurs, qui ne sont point arrivés dès les premières, sont causés par celles qui suivent.

Un des plus mémorables et des plus effrayants de ces désastres est celui du 20 octobre 1687. Un autre, plus terrible encore par ses conséquences, détruisit presque entièrement Lima le 28 octobre 1746 ; cette affreuse catastrophe arriva à dix heures et demie du soir. En moins de trois minutes, la majeure partie des bâtiments s'écroula de fond en comble, ensevelissant sous leurs ruines ceux des habitants qui n'eurent pas le temps de courir dans les rues et dans les carrefours, seuls endroits où l'on puisse être en sûreté contre ces convulsions effroyables.

La tranquillité qui succéda à la première secousse ne fut pas de longue durée. On compta jusqu'à deux cents secousses en vingt-quatre heures; et jusqu'au 24 février de l'année suivante (trois mois après) il y en eut *quatre cent cinquante-une*, dont plusieurs ne furent pas moins fortes que les premières, quoique de moindre durée.

A la même heure, Callao, port de mer situé à quelque distance de Lima, fut réduit en un monceau de décombres. Mais toutes ces dévastations ne furent rien en comparaison de ce qui suivit : la mer, qui s'était retirée à un éloignement considérable du rivage, revint en flots tumultueux et bouillonnants; les eaux couvrirent Callao, engloutirent la plupart des habitants qui déjà s'étaient enfuis sur les bords de la mer, et ne laissèrent d'autre vestige qu'un pan de muraille, seul monument de cette catastrophe. Dans ce moment vingt-trois vaisseaux de toute grosseur étaient à l'ancre dans le port; il y en eut dix-neuf de coulés bas : les quatre autres, parmi lesquels était une grosse frégate, furent portés, par la force irrésistible des flots, à une distance prodigieuse dans l'intérieur des terres.

Les effets du tremblement et de l'inondation se firent sentir dans tous les ports de la côte : pendant ce temps-là quatre volcans firent tout à coup leurs éruptions.

Quelques jours avant ces événements, on entendait à Lima un bruit souterrain, tantôt semblable à des gémissements plaintifs, tantôt imitant le bruit d'une forte artillerie.

On évalue à treize cents personnes le nombre des habitants de Lima qui périrent par le tremblement de terre, sans compter les blessés et ceux dont le sort est resté incertain. A Callao, dont la population était de quatre mille âmes, il ne s'en sauva que deux cents.

L'idée que ce pays est sujet à des inconvénients semblables, jointe à la circonstance qu'il n'y pleut presque jamais, devrait porter naturellement le lecteur à croire que cette contrée est d'une stérilité affreuse, que personne n'ose avoir la témérité de l'habiter, à moins qu'il n'y soit en quelque sorte contraint par une nécessité absolue ; cependant c'est tout le contraire. Le territoire de Lima est d'une fécondité sans égale : l'art et la nature suppléent à l'envi au défaut d'eau pluviale.

Un des principaux soins des Incas , de ces anciens monarques du Pérou, était d'entrecouper les pays de canaux et de rigoles qui transportaient dans les différents districts les eaux de la rivière, et répandaient partout l'abondance. Les Espagnols, trouvant ces constructions toutes faites, n'ont pas eu de peine à les agrandir et les réparer.

Il y a dans les environs d'innombrables jardins où l'on cultive des arbres fruitiers et des végétaux de toute espèce ; le sol est cependant pierreux et aride. Les terres cultivées consistent en une couche d'un ou deux pieds de terre végétale , au-dessous de laquelle sont des cailloux. Il est évident que tout ce territoire était jadis inondé par la mer à quelques lieues de ses limites actuelles.

Les rochers qui garnissent la côte sont usés, percés et polis , comme le sont ordinairement ceux que battent les flots de la mer ; preuve évidente qu'ils ont été jadis au milieu des vagues.

Une autre particularité de ce climat , brûlé en apparence par le soleil que couvrent rarement les nuages, c'est l'abondance de sources d'eau douce ; il suffit de creuser deux pieds au-dessous de la surface de la terre pour découvrir de l'eau.

Il est étonnant que les murailles qui entourent la ville de Lima, étant tout simplement bâties sur la surface de la terre , et sans aucune fondation, aient résisté à ces secousses violentes qui ont bouleversé les édifices les plus solides : on a remarqué la même chose au sujet des murailles des autres villes du Pérou.

CHAPITRE XI.

Les déplorables événements dont nous venons de rendre compte nous dispensent d'extraire de la relation des deux voyageurs espagnols une description plus détaillée de la ville de Lima. Ce sont naturellement les plus beaux édifices, les temples, les palais les plus majestueux qui ont été les premiers renversés, ou qui ont le plus souffert des tremblements de terre qui se sont succédé avec une si inconcevable et si effrayante rapidité.

Cependant les églises de Lima se distinguaient moins encore par la noblesse extérieure de leur architecture, que par la richesse des ornements employés au service divin. Les jours de fête, une magnificence incroyable était étalée aux yeux du peuple ; les autels, depuis leur base jusqu'aux escabelons des retables, étaient couverts d'argent massif d'un travail exquis ; les murs étaient décorés de tentures de velours, garnies de franges et de housses d'or et d'argent : on voyait par intervalles des siéges, des stalles et autres meubles émaillés de ces précieux métaux. Mais l'attention cessait bientôt de s'arrêter sur les voûtes, les cintres, les colonnes, et se portait tout entière sur deux files de chandeliers d'argent massif qui bordaient toute la longueur de l'église, avec des tables et des guéridons supportant des groupes d'anges, de saints, et autres figures du même métal.

Aujourd'hui encore, dans les principales cités de l'Amérique espagnole, les meubles employés immédiatement au service de la religion, tels que les vases sacrés et les châsses, sont d'or, couverts de perles et de diamants en si grande quantité, que l'œil est ébloui et souffre de leur éclat : tous les vêtements sacerdotaux sont des plus précieuses étoffes d'or et d'argent qui se fabriquent en Europe.

Les maisons de commerce établies à Lima vivent dans une opulence qui cependant est au-dessous de l'idée qu'on pourrait s'en faire. Les besoins multipliés du luxe, les sommes énormes qu'il en coûte pour la dot des filles, et même pour l'établissement des garçons, absorbent rapidement une fortune rapidement amassée.

M. Frézier, dont le voyage dans ces contrées a précédé celui d'Ulloa, avait une plus haute idée des richesses de cette capitale, et peut-être ont-elles déchu depuis. Désespérant d'en donner à ses lecteurs une notion exacte, il se borne à rapporter ce que les négociants y étalèrent de richesses en 1682, à l'entrée du duc de la Palata, lorsqu'il vint prendre possession de la vice-royauté. « Ils firent paver, dit cet écrivain, dans l'étendue de deux quartiers, les grandes rues de *la Mercad* et de *los Mercadores* (1), par lesquelles il devait entrer à la place royale, où est le palais, de lingots d'argent *quintés* (2) qui pèsent ordinairement environ vingt marcs, longs de douze à quinze pouces, larges de quatre à cinq, et épais de deux à trois; ce qui pouvait faire la somme de quatre-

(1) C'est-à-dire la rue du Commerce et la rue des Marchands.
(2) C'est-à-dire contrôlés après avoir acquitté les droits du fisc.

vingts millions de piastres, et d'environ trois cent vingt millions de notre monnaie. »

Je dois faire observer que M. Frézier présente son calcul d'après la valeur des espèces monnayées de 1713, et l'on sait qu'avant la refonte de 1726, elles étaient à un taux plus bas qu'aujourd'hui. La même quantité de lingots donnerait de nos jours une valeur d'environ quatre cents millions.

L'ancienne capitale du Pérou était Cusco, fondée par Manco-Capac, chef de la dynastie des Incas. Les Espagnols arrivés dans le pays sous la conduite de François Pizarre ne furent pas médiocrement surpris de trouver une ville de cette importance. Au milieu de la ville, les Incas avaient fait construire une superbe place, coupée de quatre grandes rues qui représentaient les quatre divisions principales de la monarchie du Pérou. Il y eut ensuite un quartier séparé pour les habitants de chaque province.

On voit encore au nord de la ville, sur une hauteur, les ruines de la forteresse que les Incas avaient bâtie pour leur sûreté. Les remparts sont d'une hauteur extraordinaire, et composés de gros quartiers de pierres irréguliers, mais dont les intervalles ont été remplis avec d'autres pierres ajustées avec tant d'art et de proportion, que leur liaison ne s'aperçoit pas aisément. Les principales de celles qui ont résisté aux outrages du temps sont

si grandes , qu'il est difficile de concevoir comment les Indiens d'alors, dépourvus du secours
des machines, ont pu les tirer des carrières et les
mettre en place. Celle dont la masse énorme excite
le plus d'admiration s'appelle *cansada,* c'est-à-dire
la fatiguée, à cause des peines inouïes que le
transport en a dû coûter.

Cusco, devenu ville espagnole depuis trois siècles, est de la grandeur de Lima, mais moins peuplé. Les maisons en sont bâties en pierre, et re-
couvertes de tuiles rouges qui produisent un bel
effet. Les appartements sont généralement bien
distribués. La plupart des ouvrages de menuiserie,
et jusqu'aux moulures des portes, sont dorés. Les
meubles répondent fort bien à cette magnificence.
Au surplus, cette ville, située à plus de cent vingt
lieues dans l'intérieur des terres, n'est pas bien
connue des étrangers.

Nos derniers voyageurs représentent les habitants indigènes de l'ancien empire du Pérou
comme si différents aujourd'hui de ce qu'ils étaient
au temps de la conquête , qu'on a peine à concilier les descriptions modernes avec celles des premières relations.

« Je ne sais que penser, dit M. d'Ulloa, en voyant
de si grands changements. D'un côté, j'aperçois
des débris de monuments, des restes de superbes
édifices, et d'autres ouvrages imposants qui ont

signalé la police, l'industrie, la législation des Péruviens, et qui ne permettent pas à ma raison de révoquer en doute des témoignages historiques. De l'autre, je vois une nation plongée dans les plus profondes ténèbres de l'ignorance, pleine de rusticité, et peu éloignée de cette barbarie qui rend les sauvages à peu près semblables aux bêtes féroces; et le témoignage de mes propres yeux me fait presque douter de ce que j'ai lu. Comment concevoir qu'une nation assez sage pour avoir fait des lois équitables, et formé un gouvernement aussi excellent que celui sous lequel elle vivait, ne conserve plus aucune marque du fonds d'esprit et de capacité sans lequel il est évident qu'elle n'a pu régler avec tant de sagesse l'économie de la vie civile? »

Il est facile de répondre à cette objection, que les sujets des Incas ont pu avoir été toujours grossiers, quoique soumis à des lois sages, et conduits par des princes éclairés : d'ailleurs les Indiens n'ont-ils pas dû dégénérer et s'abrutir sous des maîtres avares et cupides, qui n'ont fait participer les vaincus aux bienfaits de la civilisation, que tout juste autant qu'il fallait pour les mieux courber sous le joug, et les tenir dans une plus grande dépendance ?

Au surplus, la simple exposition des faits vaudra mieux que tous les raisonnements, et je vais offrir successivement les deux tableaux. Après avoir peint les modernes habitants du Pérou, je décrirai ceux d'autrefois.

Les voyageurs s'accordent à dire que dans l'état où sont aujourd'hui les Indiens du Pérou, il est difficile de définir leurs véritables qualités, et de tracer un tableau fidèle de leurs mœurs. Les bornes de leur esprit, dit M. d'Ulloa, paraissent fort au-dessous de l'excellence naturelle de l'âme. Leur imbécillité est excessive, au point que l'on daigne à peine les placer au-dessus des bêtes: quelquefois même ils semblent manquer de l'instinct de la nature.

D'un autre côté, il n'y a pas de nation au monde qui ait plus de facilité à concevoir, et une malignité plus réfléchie.

Leur indifférence est telle pour les choses du monde, et peut-être pour celles de l'autre vie, qu'on pourrait dire que le siècle d'or n'a jamais existé plus réellement que pour eux. Rien n'altère la sérénité de leur âme : les prospérités, les revers leur sont également insensibles. Quoiqu'à demi nus, ils paraissent aussi contents que l'Espagnol somptueusement paré. L'or, l'argent, tout ce qu'on nomme richesse, n'a pas le moindre attrait pour un Péruvien. L'autorité, les dignités excitent si peu son ambition, qu'il reçoit avec la même indifférence l'emploi de juge ou celui de bourreau,

sans marque de satisfaction ni de mécontentement
si on lui ôte l'un pour lui donner l'autre. Les mets
grossiers le flattent autant que les plus exquis.
Dans ses repas, il ne souhaite jamais que ce qui
est nécessaire pour le rassasier.

Ces Indiens sont d'un naturel si lent, que l'on
dit proverbialement dans le pays, de tous les ouvrages qui demandent du temps et de la patience :
C'est un ouvrage d'Indien. Dans leurs fabriques de
tapis et d'étoffes, ils prennent les fils un à un, et
il leur faut plus de deux ans pour en achever une
pièce. A la vérité, le défaut d'adresse et d'invention n'y contribue pas moins que leur pusillani-
mité naturelle.

A la lenteur se joint la paresse, vice enraciné
par une si longue habitude, que ni leur intérêt, ni
celui de leurs maîtres, ne peut les porter volontairement au moindre effort pour le vaincre. Ils abandonnent à leurs femmes tous les soins du ménage,
la confection des habits et des étoffes, et une partie des travaux de l'agriculture. Tandis qu'elles se
livrent à ces pénibles occupations, les maris, accroupis à la manière des singes, se contentent de
les encourager par leurs regards.

Lorsqu'un voyageur égaré s'avance vers une
cabane pour s'informer du chemin, l'Indien se
cache, fait répondre par sa femme qu'il n'est pas
au logis, et se prive volontiers de la petite récom-

pense attachée au service qu'on lui demande, plutôt que d'interrompre son oisiveté.

Si le voyageur descend de cheval, il ne lui est pas aisé de découvrir le maître de la cabane, parce que ces habitations ne reçoivent de lumière que par une petite porte, et qu'en venant du grand jour on n'y distingue point les objets; mais il serait inutile de débusquer l'Indien, car il n'est prières, ni promesses, ni menaces, qui puissent l'engager à sortir. Il en est de même de toutes les occupations qu'on leur propose, et qu'ils ont la liberté de refuser : à l'égard de celles qui leur sont prescrites par leurs maîtres, et pour lesquelles ils sont payés, il ne suffit pas de leur dire ce qu'ils ont à faire, on est forcé d'avoir continuellement les yeux sur eux. Si l'on tourne un moment le dos, ils s'arrêtent et cessent de travailler jusqu'au retour de celui dont ils craignent la présence. La seule proposition qu'ils ne rejettent jamais, c'est celle de prendre part aux danses et aux fêtes; mais il faut qu'elles soient accompagnées du plaisir de boire. Cette occupation fait tout leur bonheur. C'est par là qu'ils commencent et finissent la journée. Ils ne cessent de boire qu'après avoir perdu l'usage de leurs sens dans l'ivresse. Mais ce qui doit paraître étonnant, les femmes, les filles et les jeunes garçons sont absolument exempts de ce vice. Leurs mœurs ne permettent qu'aux pères de famille de boire jusqu'à l'épuisement de leurs forces, parce qu'il n'y a qu'eux qui aient droit d'attendre du secours, lorsqu'ils ont perdu connaissance.

Leur manière de pleurer les morts consiste à bien boire. La maison du deuil est garnie de cruches toutes pleines de leurs liqueurs enivrantes. Les parents et les amis du défunt noient leur douleur dans la *chicha* (1). Comme ils appellent tous les passants, cette orgie dure plusieurs jours de suite.

Leurs habitations dans les campagnes sont d'une excessive petitesse. C'est une chaumière, au milieu de laquelle on allume du feu. Ils n'ont point d'autre logement pour eux, pour leur famille et pour leurs animaux domestiques, lesquels consistent d'ordinaire en trois ou quatre chiens, un ou deux cochons, des poules et des oies. Leurs meubles sont des jarres, des cruches et autres vases de terre, et des peaux de mouton qui leur servent de lits. La plupart ne se couchent point et dorment accroupis sur leurs peaux. Ils ne se déshabillent jamais pour se livrer au sommeil.

Ils ne mangent point la chair des poules ni des autres animaux qu'ils élèvent. Leur tendresse pour

----

(1) Boisson fermentée, qui se brasse avec le maïs, et qui a le goût du cidre.

ces bêtes va si loin , qu'ils ne peuvent se résoudre ni à les tuer ni à les vendre. Le voyageur qui veut se procurer un poulet est obligé de le prendre de force, et de le tuer lui-même. Alors l'Indienne jette les hauts cris, pleure et se lamente; enfin, voyant le mal sans remède , elle consent à recevoir le prix de sa volaille.

Ils ont coutume, lorsqu'ils voyagent , d'emmener avec eux toute leur famille. Les mères portent leurs petits enfants sur leurs épaules. Comme il n'y a rien de précieux à garder dans la cabane, on ne la ferme qu'avec une courroie qui tient lieu de serrure. Les animaux domestiques sont confiés à quelque voisin , ou bien on leur laisse de la nourriture , et la garde en est abandonnée aux chiens. Ceux-ci ont tant de fidélité , qu'ils ne laissent approcher personne de la cabane.

M. d'Ulloa remarque, comme un phénomène fort singulier, que les chiens élevés par les Espagnols et les métis ont contre les Indiens une haine si furieuse, que s'ils en voient entrer un dans une maison où il ne soit pas connu, ils s'élancent dessus et le déchirent à l'instant, s'ils ne sont pas retenus. D'un autre côté, les chiens qu'élèvent les Indiens ont la même aversion pour les Espagnols et les métis.

La plupart de ces Indiens ne parlent que la langue de leur nation. Quelques-uns entendent et parlent l'espagnol ; mais dans leurs campagnes, ils ont rarement la complaisance d'employer cet idiome avec les personnes qui ne savent pas le leur. Dans les villes et dans les bourgs, au contraire, ils se font honneur de ne parler qu'espagnol, et feignent d'ignorer le *quichoa* (leur langue maternelle).

Ils sont tous superstitieux à l'excès, et par un reste de leur ancienne religion, ils ont des méthodes par lesquelles ils s'imaginent pouvoir pénétrer dans l'avenir. Ils en ont d'autres pour se rendre heureux, et pour obtenir du succès dans leurs entreprises.

Le christianisme peut seul les amener à des sentiments plus relevés, mais ils sont encore trop peu instruits de ses sublimes vérités.

Les points où les missionnaires se sont établis offrent déjà une amélioration sensible, mais le nombre de ces hommes pieux et dévoués est loin d'être suffisant pour instruire et relever de la dégradation cette race déchue.

L'idée de la mort et la crainte que son approche inspire naturellement à tous les hommes ont beaucoup moins de force sur les Péruviens que sur toute autre nation. Dans toutes leurs maladies, ils ne sont abattus que par la douleur, ils ne comprennent point que leur vie soit menacée, ni comment on peut la perdre. Ceux d'entre eux qui sont condamnés au supplice pour quelque crime, montent sur l'échafaud avec une insouciance qu'on ne saurait concevoir.

Ce caractère est le même, lorsqu'un Péruvien s'expose à la furie d'un taureau, sans autre ruse que dans la manière dont il souffre d'en être frappé. Il se laisse saisir entre les cornes de l'animal, qui le jette en l'air. Tout autre serait tué de la chute, mais il est rare qu'un Indien en soit même blessé.

Lorsqu'ils se joignent en troupe pour combattre d'autres hommes, ils les attaquent sans aucun égard à la supériorité du nombre, et sans faire attention à leur perte, intrépidité qui arracherait l'admiration, si la bravoure y était pour quelque chose, mais qui ne peut passer chez eux que pour un brutal emportement, fondé sur l'ignorance même du danger.

Ils sont fort adroits, comme les Indiens du Chili, à passer un lacs au cou de toute sorte d'animaux en courant à toute bride; et, ne connaissant aucun péril, ils attaquent ainsi les bêtes les plus féroces, sans en excepter les ours.

Un Péruvien à cheval porte dans la main une courroie si menue, que l'ours ne peut la saisir de ses pattes, et si forte néanmoins, qu'elle ne peut être rompue par l'effort du cheval et la résistance de l'ours.

Aussitôt qu'il a découvert l'animal, il pousse à lui, et celui-ci se dispose à se lancer sur le cheval.

L'Indien arrivant à portée jette le nœud coulant, saisit l'ours au cou ; et l'autre bout du lacs étant attaché à la selle du cheval, il continue de courir au galop. L'ours, occupé à se délivrer du lien qui l'étrangle, ne peut suivre le cheval, et tombe enfin raide mort. On a peine à décider qui l'emporte, dans une action pareille, de l'adresse ou de la témérité.

Au reste, l'abrutissement des Péruviens ne paraît venir que du peu de soin que l'on prend de cultiver leur esprit, surtout dans l'enfance; car ceux qui reçoivent une bonne éducation deviennent du moins capables de quelque discernement, et se rapprochent de l'espèce humaine par un développement sensible de leurs facultés.

Sans parler ici de l'exemple des peuples du Paraguay, dont les Jésuites avaient fait une société si intéressante, on reconnaît que les Péruviens élevés dans les villes et dans les grands bourgs, et surtout ceux qui exercent quelque métier et qui savent la langue espagnole, ont plus d'ouverture d'esprit et moins de grossièreté dans les mœurs que ceux des campagnes ; ils ont une sorte d'habileté avec beaucoup moins d'erreurs et d'habitudes vicieuses. On les distingue par le nom espagnol de *Landinos*. S'ils conservent quelques usages indiens, c'est par un reste de communication avec ceux qui sont moins policés, ou par d'antiques préjugés qui les attachent encore à l'imitation de leurs ancêtres.

Les indigènes du Pérou sont naturellement robustes et peu sujets aux maladies, si ce n'est à quelques maux endémiques et à des fièvres qu'engendre le climat. Ils ont une fièvre maligne dont le remède est aussi prompt que singulier. Ils approchent le malade du feu, le placent sur deux peaux de mouton, et mettent près de lui une cruche de *chicha*. L'ardeur du feu et celle de la fièvre lui causent une soif qui le fait boire sans cesse ; ce qui lui procure une éruption si décisive, qu'en vingt-quatre ou trente-six heures le malade est guéri... ou mort, mais le plus souvent rétabli.

Il n'est pas rare de voir des centenaires parmi les Péruviens : une nourriture simple et uniforme ne contribue pas peu à fortifier leur tempérament.

Leurs occupations communes se bornent à la fabrication des étoffes, à la culture des plantations et au soin des bestiaux. Chaque village est obligé de fournir, tous les ans, aux métairies du district, ainsi qu'aux manufactures, un certain nombre d'Indiens auxquels on assigne une tâche et un salaire fixes.

M. d'Ulloa, tout en déplorant avec beaucoup de candeur et d'humanité l'état des Indiens au Pérou, devait nécessairement favoriser un peu les Espagnols ses compatriotes ; mais nous devons faire remarquer qu'on trouve dans quelques autres voyageurs un peu plus d'explications sur divers points qu'il n'a pas suffisamment éclaircis.

M. Frezier, qui a fait un long séjour au Pérou, nous apprend pourquoi la religion chrétienne n'a pas encore porté de plus heureux fruits dans le cœur de ces peuples : c'est qu'ils conservent une forte inclination pour leur ancienne idolâtrie, le culte du soleil. Dans les grandes villes, où l'on doit supposer qu'ils ont pris plus d'attachement pour le christianisme, ils ont des jours où leur adoration pour le soleil se réveille avec leur amour pour leurs anciens monarques, et leur fait regretter un temps qu'ils ne connaissent plus que par d'obscures traditions. Tel est le jour dans lequel ils célèbrent la mort d'Atahualipa (leur dernier empereur) par une sorte de tragédie qu'ils représentent dans les rues. Ils s'habillent à l'antique ; ils portent les images du soleil et de la lune, divinités favorites de ces peuples, et les autres symboles de l'idolâtrie, qui sont des bonnets formés en tête d'aigle, des habits de plumes et des ailes si bien imitées, que de loin ils ressemblent à des oiseaux. Dans ces fêtes ils boivent beaucoup, et peut-être n'ose-t-on leur en ôter la liberté. Comme ils sont extrêmement adroits à jeter des pierres avec la main et la fronde, malheur à qui tombe sous leurs coups pendant leur ivresse : les Espagnols,

si redoutés et, je dirai plus, si détestés de leur nation, ne sont pas alors en·sûreté. La fin de ces
jours de troubles est toujours funeste à quelques-
uns, et les plus sages ont grand soin de se tenir
renfermés. On s'efforce de supprimer ces fêtes,
et depuis quelques années on en a retranché le
théâtre où ils figuraient la mort de l'Inca.

Le même voyageur donne beaucoup d'autres
détails sur les mœurs, le caractère et les usages
des habitants ; mais il serait trop long de les rapporter. M. Frézier dit que ces pauvres Indiens ont
beaucoup à souffrir de la rapacité des gouverneurs, qui leur imposent des corvées continuelles
sans les payer, et les assujetissent à un singulier
genre d'impôt. Comme ces gouverneurs ont le
droit exclusif de vendre les marchandises d'Europe, ils contraignent chaque famille à en acheter
une certaine quantité, dont ils exigent un prix
exorbitant. Ce n'est pas tout : les Espagnols qui
voyagent prennent hardiment, et le plus souvent
sans payer, tout ce qu'ils trouvent de leur goût
dans les cabanes des Indiens ; de là vient que ces
infortunés, exposés à tant de pillages, n'ont jamais
rien en réserve, pas même de quoi manger. Ils ne
sèment que le maïs nécessaire pour leur famille,
et cachent dans les cavernes la quantité nécessaire
pour une année. Ils la divisent en cinquante-deux
parties pour le même nombre de semaines, et le

père ou la mère, seuls dépositaires du secret, vont prendre chaque semaine leur provision pour huit jours.

Frézier assure que de son temps les Péruviens, poussés à bout par la dureté du joug espagnol, n'aspiraient qu'au moment de le secouer. Ils faisaient de temps en temps quelques tentatives à Cusco, où ils composent la majorité de la population; mais comme il leur est défendu de porter des armes, il est facile d'apaiser de telles séditions; d'ailleurs les Espagnols tirent encore des secours du grand nombre d'esclaves nègres qu'ils introduisent annuellement dans leur pays. Comme il leur est défendu de réduire les Indiens en esclavage, ils ont moins d'égard pour eux que pour les nègres, qui leur coûtent cher, et qui font la plus grande partie de leurs richesses et de leur magnificence. Ceux-ci, forts de l'affection de leurs maîtres, imitent leurs procédés envers les Indiens, et prennent sur eux un ascendant qui nourrit une haine implacable entre ces deux castes; les ordonnances sont remplies d'ailleurs de précautions pour empêcher qu'elles ne s'allient. Il est défendu aux nègres et négresses de se marier avec des Indiens et des Indiennes; ainsi les esclaves nègres, qui, dans d'autres colonies, sont les ennemis des blancs, sont ici les partisans de leurs maîtres; cependant le port d'armes ne leur est pas plus permis qu'aux Indiens, parce qu'ils en ont quelquefois abusé.

L'invincible aversion des Péruviens pour les Espagnols produit un autre mal qui n'a pas cessé depuis la conquête ; il en résulte que les trésors enfouis et les mines les plus riches dont ils ont connaissance demeurent cachés et se trouvent inutiles aux uns et aux autres, car les Indiens n'en tirent aucun parti pour leur usage, ils aiment mieux vivre du travail de leurs mains et dans la misère la plus profonde. Les Espagnols racontent les aventures étranges de ceux qui ont entrepris de découvrir ces trésors cachés, telles que des morts subites, causées par les vapeurs, les éclairs et la foudre. Mais de tous ces prodiges, il n'y a de certain ou de vraisemblable que les épanchements d'eau qui inondent fréquemment les mines, et qui suffisent pour écarter toute cause surnaturelle.

Personne ne doute que les Péruviens ne connaissent plusieurs belles mines qu'ils se gardent bien de découvrir, moins pour empêcher que l'or ne sorte de leur pays, que pour n'être pas contraints de les exploiter.

En effet, on n'applique point les nègres au travail des mines, parce qu'ils y meurent tous : les Indiens mêmes n'y résistent qu'avec peine. Il est certain, de l'aveu des Espagnols, que rien n'a contribué autant que ce pénible exercice à diminuer le nombre des indigènes du Pérou, qui se comptaient par millions avant la conquête. Les mines de *Guan-Cavelica* sont les plus dangereuses de toutes, à raison du vif-argent qu'elles contiennent en abondance. Ce métal subtil pénètre dans les organes des malheureux mineurs, et fait de tels ravages sur leur tempérament, que la plupart deviennent tremblants, et meurent dans un état d'imbécillité complète.

Nous allons présenter maintenant le second tableau, celui des Indiens avant la conquête, lorsque ce pays florissait sous l'empire des Incas.

CHAPITRE XII.

Fondation de l'empire des Incas, et civilisation des anciens Péruviens. — Mœurs et coutumes de ces peuples. — Sagesse de leurs lois. — Travaux admirables. — Recherches sur la langue des Péruviens. — Leurs notions sur l'astronomie, — *Quippos*, ou procédé suppléant à l'écriture.

Il est bien peu de nos jeunes lecteurs qui ne connaissent, au moins d'une manière superficielle, ce que nous ont appris les auteurs sur l'origine des Incas. Le but de cet ouvrage n'étant pas spécialement l'histoire, nous n'entrerons à cet égard que dans des détails fort abrégés. Nous nous bornerons à dire que, suivant le témoignage de tous les écrivains espagnols, qui les premiers ont traité l'histoire du Pérou, les peuples de cette contrée étaient d'abord plongés dans les plus épaisses ténèbres de la barbarie, jusqu'à ce qu'il se fût élevé parmi eux un homme plus éclairé et plus habile que les autres, et qui entreprit de les policer.

La civilisation des Péruviens se fit comme celle de tous les anciens peuples. Il fallut que celui qui ambitionnait la gloire d'être leur chef ne parût pas agir de son autorité privée, mais se supposât une mission d'en haut. Le premier Inca se fit donc passer pour le fils du soleil.

Cet homme entreprenant était *Manco-Capac*. Il fut heureusement secondé dans ses desseins par sa femme et sa sœur nommée *Mama - Oëllo-Huaco*. C'est ainsi que, dans la mythologie grecque, Junon était à la fois la sœur et l'épouse de Jupiter, le souverain et le père des hommes.

Il est probable que toutes les institutions que l'on attribue à Manco-Capac furent l'ouvrage successif de plusieurs souverains, et que la fondation d'un si vaste empire ne se fit pas d'un seul jet. Nous citerons encore ici l'antique tradition des Grecs, qui attribuaient à un seul Hercule, des travaux, des expéditions qui évidemment ont été entrepris et consommés par plusieurs princes. La marche du cœur humain est toujours la même, sous quelques replis qu'elle se déguise. L'histoire d'une nation est, à peu d'événements près, celle de toutes les autres.

Manco-Capac étant idolâtre, ses idées ne s'élevèrent point jusqu'au véritable auteur de la nature ; mais, de toutes les idolâtries, la sienne fut une des moins grossières, et ne le devint beaucoup plus que par la faute de ses descendants. Ce fut le soleil qu'il fit adorer, comme la source apparente de tous les biens physiques. Il lui fit ériger un temple dont il désigna le lieu, avec une espèce de monastère pour les femmes consacrées à son culte. Ces vestales devaient être toutes du sang royal.

Lorsqu'il se vit près de sa fin, il fit assembler sa nombreuse postérité, convoqua les grands de sa cour et les gouverneurs des provinces, leur déclara que le soleil, son père, l'appelait au repos d'une meilleure vie, et les exhorta de sa part à l'observation des lois, en les assurant que le soleil ne voulait point qu'on y fît le moindre changement. Enfin il mourut, pleuré de tous ses peuples, qui le regardaient non-seulement comme leur père, mais comme un être divin. Dans cette idée, ils instituèrent des sacrifices en son honneur, et son culte fit bientôt partie de la religion.

Ce n'est pas ici le lieu de tracer l'histoire des

treize Incas qui succédèrent à Manco-Capac. Le malheureux Atahualipa fut le dernier. C'était cependant un usurpateur, parce qu'il n'était pas sorti du sang des Incas par une alliance légitime; mais, pour cacher le vice de sa naissance, il fit rassembler un grand nombre d'Incas, et les fit massacrer sans distinction d'âge ni de sexe : le reste fut poursuivi dans toutes les parties de l'empire, et cette persécution durait encore à l'arrivée des Espagnols, qui, sans de telles conjonctures, n'eussent peut-être pas fait une conquête aussi facile.

Ceux à qui les Espagnols donnèrent ensuite le titre d'Inca vécurent dans leur dépendance, et méritèrent si peu le nom d'empereurs, que M. d'Ulloa nomme Charles-Quint pour quinzième souverain du Pérou.

Depuis ce temps, ce pays fut gouverné par des vice-rois, à la nomination de la cour d'Espagne, quoique les premiers n'aient porté que le titre de gouverneurs. On en compte environ quarante jusqu'à nos jours.

Ce fut sous l'administration du neuvième vice-roi, François de Tolède, que l'on extermina presque entièrement la race des Incas en 1571. François de Tolède envoya dans les montagnes des troupes prendre l'Inca *Tupa-Amano*, qui se trouvait héritier légitime du trône de ses ancêtres, le fit conduire à Cusco, mettre en jugement, condamner et exécuter pour des crimes imaginaires. Le malheureux prince souffrit la mort avec une grandeur d'âme digne de sa naissance, et qui attendrit les Espagnols eux-mêmes. La cruauté du vice-roi ne s'arrêta point à cette exécution ; il fit, sur de vaines accusations, périr successivement tout ce qui restait du sang des Incas, sans en excepter même les métis.

On assure néanmoins que le roi d'Espagne improuva avec indignation ces assassinats juridiques. En 1581, lorsque le vice-roi, rappelé à la cour, s'attendait à de grandes récompenses pour avoir délivré sa nation d'inquiétude, en exterminant la race des Incas, il fut mal reçu du roi, qui l'exila dans ses terres, en lui disant, « qu'il ne l'avait pas choisi pour être le bourreau des rois, mais pour soulager les malheureux. » Ce reproche fut un coup de foudre, et causa au tyran un serrement de cœur, qui, en peu de jours, le précipita dans la tombe.

Cependant on a reconnu depuis que la race des Incas n'était point tout à fait extirpée. Il en reste encore une branche, qui jouit à Lima d'une distinction singulière. Le chef, qui porte le nom d'*ampuero*, est non-seulement reconnu du roi d'Espagne, comme descendant des empereurs du Pérou, mais, en cette qualité, Sa Majesté catholique lui accorde le titre de *cousin*, et lui fait rendre par le vice-roi une espèce d'hommage public. L'*ampuero* se place avec sa femme sur un balcon, sous un dais ; et le vice-roi, s'avançant sur un cheval dressé pour cette cérémonie, fait faire à sa monture trois courbettes vers le balcon.

Les anciens empereurs du Pérou avaient divisé la monarchie en quatre parties, qui répondaient aux quatre points cardinaux. Le peuple était divisé en décuries, dont chacune avait son chef. De cinq en cinq décuries, il y avait un officier supérieur ; un autre de cent en cent, de cinq cents en cinq cents, et de mille en mille. Jamais les provinces ou départements n'excédaient ce nombre. On ne souffrait point dans l'empire de vagabonds ni de gens oisifs.

La vénération pour l'empereur allait jusqu'à l'adoration. Le châtiment des officiers prévaricateurs était toujours plus rigoureux que celui du peuple.

L'autorité des empereurs était si peu limitée, qu'elle s'étendait aux personnes comme aux biens. A l'exemple du fondateur de la monarchie, l'héritier présomptif du trône prenait en mariage sa propre sœur, et s'il n'en avait point d'enfants, ou s'il la perdait par la mort, il prenait la seconde, et successivement toutes les autres. S'il n'avait point de sœur, il épousait sa plus proche parente. Les autres Incas prenaient aussi des femmes de leur sang , mais ils ne pouvaient s'unir à leurs sœurs.

Les fils aînés du monarque succédaient de droit à l'empire. On ne les sevrait qu'à l'âge de deux ans, et c'était l'occasion d'une grande fête, dans laquelle on leur coupait les cheveux , en leur imposant un nom.

Dans les nouvelles provinces que les Incas ajoutaient à l'empire, ils apportaient tous leurs soins à faire cultiver soigneusement les terres , et semer beaucoup de grains. Comme souvent elles étaient dépourvues d'eau , ils avaient fait construire en mille endroits ces fameux aqueducs qui , malgré les injures du temps et la négligence des Espagnols , rendent encore témoignage, par leurs ruines mêmes , de la magnificence de leur exécution.

Les champs avaient été aplanis dans la même vue. Ceux dont on entretenait la culture étaient divisés en trois portions : la première pour le soleil, une autre pour l'empereur , et la troisième pour ceux qui la cultivaient. Les parties de terrain qui ne pouvaient être arrosées , étaient plantées d'arbres ou de racines utiles, et on en faisait la même division.

Dans l'ordre de la culture, les champs du soleil avaient le premier rang ; ensuite ceux des veuves et des orphelins, puis ceux des cultivateurs; ceux de l'empereur et du *curaca*, ou gouverneur de la province, venaient les derniers. Chaque soir, un officier de l'empereur montait sur une petite tour, qui n'avait pas d'autre usage, pour annoncer à quelle partie du travail on devait se livrer le jour suivant. La mesure de terre assignée aux besoins de chaque personne était ce qu'il en faut pour y semer un demi-boisseau de maïs. On engraissait les terres intérieures avec la fiente des animaux, et celles voisines de la mer avec la fiente des oiseaux marins.

Le prince n'exigeait de ses peuples aucun autre tribut que la part qui lui revenait dans leur moisson.

L'or et l'argent qu'on apportait au souverain et aux curacas étaient reçus à titre de présents, parce qu'ils n'étaient employés qu'à l'ornement des temples et des palais, et que dans tout l'empire on ne leur connaissait pas d'autre utilité.

Les historiens de la conquête assurent que rien n'égalait la magnificence de ces décorations. Cependant les avides vainqueurs demeurèrent persuadés qu'après la mort d'Atahualipa les Indiens ont enseveli dans les montagnes une grande partie des trésors de leurs Incas.

On vante surtout l'opulence des temples du soleil, dont le nombre était considérable dans toutes les provinces de l'empire. Celui de Cusco était revêtu de lames d'or, depuis le rez-de-chaussée jusqu'au sommet. La figure du soleil, dans le genre de celles que nos peintres représentent, était d'or massif entourée de rayons, et d'une grandeur prodigieuse. On raconte qu'un officier espagnol qui s'en était emparé, la perdit au jeu dès la première nuit. Les murs de ce temple subsistent encore, et font partie du couvent de Saint-Dominique.

Vis-à-vis le temple du soleil, il y en avait quatre autres, dont le premier était consacré à la lune, femme et sœur de cet astre : les portes et les murs étaient revêtus de lames d'argent. Le suivant, dédié à l'étoile de Vénus, que les Péruviens nommaient *Chasca*, présentait la même richesse. Le troisième était consacré au tonnerre et aux éclairs; et le quatrième, entièrement revêtu d'or, à *Cuychu* ou l'arc-en-ciel. Une grande salle voisine, où les prêtres s'assemblaient, était également incrustée du même métal. La magnificence était moins grande dans les provinces, à l'exception du temple du soleil élevé au milieu du lac de Titicaca. Tous les Péruviens l'avaient enrichi à l'envi, persuadés que leurs rois en étaient sortis.

Outre l'or et l'argent dont les diverses parties de l'édifice étaient ornées, ils y avaient amassé une quantité énorme de lingots.

Les Péruviens immolaient au soleil toutes sortes

d'animaux : ils lui offraient des grains, des liqueurs et des étoffes. Mais les Incas avaient, dit-on, en horreur les victimes humaines, et étaient encore plus éloignés d'être anthropophages, quoique plusieurs Espagnols, notamment l'historien Zarate, leur aient attribué cette odieuse coutume.

Le soleil avait plusieurs prêtres, tous du sang royal, dont le chef avait le titre de *villouna*, c'est-à-dire devin ou prophète. On consacrait à cette divinité, dès l'âge de huit ans, des vierges qui étaient, comme nos religieuses, renfermées dans des cloîtres où les hommes ne pouvaient pénétrer sans crime. Le ministère de ces jeunes vestales n'était qu'extérieur, et consistait à prendre les offrandes. Leur nombre montait à plus de mille dans la seule cité de Cusco. Elles étaient gouvernées par de plus vieilles, qui portaient le nom de *mamacunas*. Tous les vases à leur usage étaient d'or ou d'argent, comme ceux du temple. Dans l'intervalle des exercices de religion, elles s'occupaient à filer pour le service du roi et de la reine.

L'habillement des monarques du Pérou était une sorte de chemise qui leur descendait jusqu'aux genoux, avec un manteau de la même longueur, et une bourse carrée qui tombait de l'épaule gauche vers le côté droit ; bourse dans laquelle ils portaient leur *coca*, herbe qui se mâche dans cette contrée de la même manière que le bétel aux Indes, et qui était alors réservée aux seuls Incas. Enfin, ils avaient la tête ceinte d'un diadème nommé *yantu,* qui n'était qu'une bandelette d'un doigt de largeur, attachée des deux côtés sur les tempes avec un ruban rouge. C'est ce que la plupart des voyageurs et des historiens ont qualifié de *frange impériale.*

La plus solennelle de toutes les fêtes des Péruviens était le *raymi* ou fête du soleil. Elle se célébrait au solstice de juin. Nous ne parlerons pas des jeûnes, des sacrifices et autres pratiques dont la cérémonie était précédée. Dans la nuit même du solstice, avant la pointe du jour, le monarque, accompagné de tous les Incas, se rendait en procession à la grande place de la ville ; là se tenant pieds nus, et le visage tourné vers l'orient, ils attendaient en silence que le soleil parût sur l'horizon. Lorsqu'ils commençaient à l'apercevoir, ils s'accroupissaient à terre, étendaient les bras, ouvraient les mains ; et les approchant ensuite de leur bouche, ils en pressaient leurs lèvres, comme s'ils eûssent voulu baiser l'air et les premiers rayons qui émanaient de leur brillante divinité. Après cette cérémonie, ils honoraient par des cantiques celui qu'ils regardaient comme leur dieu et leur père.

D'un autre côté, les grands lui rendaient le

même hommage dans la seconde place de Cusco. On apportait alors dans les deux cercles les liqueurs destinées aux libations ; le monarque se levait au milieu du sien , et prenait deux grands vases d'or, l'un et l'autre tout pleins ; il offrait au soleil celui qu'il tenait de la main droite, et versait la liqueur dans une coupe d'or où il y avait un chalumeau tourné vers le temple , afin que le soleil fût censé en boire.

Il offrait aussi le vase de sa main gauche , et faisait libation de quelques gouttes , puis le reste de la liqueur était versé dans de fort petites coupes qui étaient en même nombre que les Incas, et chacun avalait sa portion d'un seul trait. Les grands observaient de leur côté le même cérémonial ; ensuite les deux troupes se rejoignaient dans un même lieu pour prendre ensemble le chemin du temple ; mais il n'y avait que le monarque et les Incas à qui il fût permis d'y entrer, et l'empereur s'avançait tout seul au pied de l'autel pour offrir au soleil les deux vases des libations.

Les grands, qui étaient demeurés devant la porte du temple, remettaient leurs vases aux prêtres, et offraient en même temps diverses figures d'animaux en or.

Après les offrandes , les prêtres faisaient amener une multitude de brebis et d'agneaux qu'ils commençaient par consacrer. Ils choisissaient dans ce nombre un agneau noir , afin de tirer des présages de l'inspection de ses entrailles , comme le faisaient les devins chez les Grecs, et les aruspices chez les Romains. Si le cœur et les poumons étaient, encore après , la mort irritables et palpitants , l'augure était supposé favorable ; mais si l'on y remarquait une apparence de langueur , ou si la victime se levait sur ses pieds avant d'être frappée on se croyait menacé de quelque calamité publique ; et pour la détourner , on continuait d'immoler quantité de brebis et d'agneaux. On consumait le cœur et le sang des victimes dans les flammes d'un feu que les prêtres avaient l'art d'emprunter du soleil (1).

Les chairs étaient rôties en public, et mangées joyeusement, avec une profusion de liqueurs. Les fêtes duraient neuf jours entiers, mais ce n'étaient plus que des repas publics.

Outre la figure du soleil, on voyait dans les temples celle de la lune, à laquelle on rendait une partie des honneurs. Il y avait aussi diverses figures de pierres , qui recevaient une sorte de

---

(1) Sans doute au moyen d'un verre convexe ou d'un miroir ardent. On trouve dans les Cordilières deux sortes de laves à demi vitrifiées, les unes opaques, les autres transparentes, de l'espèce de celles que les naturalistes appellent *pierres spéculaires* , et dont il est facile de faire des miroirs planes, concaves ou convexes. *(Note du Traducteur.)*

culte, mais sur la signification desquelles leurs adorateurs eux-mêmes ne s'accordaient point. Ils les nommaient *guacas*; et quand on leur en demandait l'origine et la nature, ils répondaient que leurs pères les avaient instruits à les honorer.

On n'a jamais connu bien clairement quelle idée ils se formaient d'une autre vie. Les Incas étaient portés, après leur mort, dans un caveau voûté. On les y déposait assis et revêtus de leurs plus précieux ornements. On y renfermait avec eux une ou plusieurs femmes : souvent cet honneur était contesté entre celles qui leur avaient été les plus chères; et de là vint une loi qui enjoignait aux maris de régler ce point dans leurs derniers moments. On assure qu'on enterrait aussi avec eux deux ou trois de leurs plus jeunes domestiques, avec toute leur vaisselle d'or et d'argent; et que cette coutume était fondée sur l'espoir d'une résurrection dans laquelle ils ne voulaient point paraître sans cortége. Mais Zarate, qui nous apprend ces détails, n'explique point si ces misérables victimes, ainsi que les femmes du défunt, étaient enterrées mortes ou vivantes. Le même écrivain ajoute seulement qu'en voyant entrer les Espagnols dans les lieux de sépulture, pour en tirer l'or et l'argent dont ils regorgeaient, les Péruviens les suppliaient en grâce de ne point disperser les ossements, dans la crainte que la résurrection des morts n'en fût plus lente et plus difficile.

On mettait sur les tombeaux des gens de qualité de grandes statues qui les représentaient, et sur ceux des morts du commun les marques de leur profession ou de leur emploi. Dans la cérémonie des funérailles, les parents versaient sur la tombe une certaine quantité de leur liqueur favorite, qui s'écoulait par un tuyau correspondant à la bouche du cadavre.

Les Péruviens de tous les ordres élevaient leurs enfants avec une extrême attention. Au moment de leur naissance, ils les plongeaient dans de l'eau froide; et chaque jour, avant de renouveler leurs langes, ils les mettaient un instant dans le même bain. Les berceaux étaient de petits hamacs, dont on ne les tirait que pour les soins nécessaires à la propreté. Jamais les mères ne prenaient leurs en-fants entre leurs bras ou sur leurs genoux; elles se baissaient sur le hamac, pour leur donner le lait, et jamais plus de deux ou trois fois par jour.

A Cusco, les mariages se faisaient par l'empe-reur lui-même. Dans les provinces, cet office ap-partenait aux curacas, qui l'exerçaient en son nom. Les femmes faisaient des toiles et des étoffes pour les habits, tandis que les hommes prépa-raient des cuirs pour la chaussure. Il n'y avait point dans l'ancien empire du Pérou d'hommes exerçant un métier particulier. Chaque famille travaillait pour elle-même, et les occupations étaient également réparties entre les deux sexes, mais ils se livraient de concert à l'agriculture. Les femmes étaient si laborieuses, que même dans leurs amusements et leurs visites, elles avaient toujours les instruments du travail entre leurs mains.

A l'égard des hommes, quelque fondé que l'on soit aujourd'hui à les taxer de paresse, il est difficile de ne pas se faire une autre idée de leurs ancêtres, à la vue des monuments qu'ils nous ont laissés. Zarate compte leurs grands chemins au nombre des merveilles du monde. Cette grande entreprise fut commencée par Huayna-Capac, l'un de leurs plus habiles monarques, à l'occasion de ses conquêtes, et pour faciliter la marche de ses armées (1). Cinq cents lieues de montagnes entrecoupées par des rochers, des vallées et des précipices, offrirent en peu d'années une route sûre et commode, depuis la province de Quito jusqu'à l'autre extrémité de l'empire.

(1) Il ajouta plusieurs provinces à l'empire, et soumit quelques nations barbares, entre autres celle de *Guancavilla*, dont il punit la révolte d'une manière cruelle. Il ordonna que, pour conserver le souvenir de leur perfidie, les *curacas* et les principaux habitants du canton s'arracheraient, de père en fils, deux dents de la mâchoire supérieure et deux de l'inférieure.

(Note du Traducteur.)

Des routes non moins admirables furent laborieusement frayées au milieu des autres provinces. C'étaient de hautes chaussées de terre, d'environ quarante pieds de largeur, qui, mettant les vallées au niveau des plaines, épargnaient les difficultés de descendre et de monter. Dans les déserts sablonneux, le chemin était marqué par deux rangs de pieux ou de palissades, alignées au cordeau, qui ne laissaient plus aucune crainte de s'égarer. Une de ces routes avait cinq cents lieues de longueur, comme celles des montagnes. Les chaussées subsistent encore, quoiqu'elles aient été coupées en divers endroits, pendant les guerres civiles des Espagnols, pour rendre le passage plus difficile à leurs ennemis; mais en paix comme en guerre, ils ont enlevé une grande partie des pieux, sans autre vue que d'en employer le bois à faire du feu et à d'autres usages.

Le langue commune des Péruviens était celle de Cusco, que les Incas s'étaient efforcés d'introduire dans toutes les provinces conquises. Garcilasso de la Vega, écrivain ingénieux, né au Pérou même, et du sang des Incas, était plus à portée que les Espagnols de juger de sa langue naturelle : il lui reproche de manquer d'énergie et d'abondance, quoique d'autres auteurs lui en attribuent beaucoup. Elle n'a souvent qu'un seul terme, dit-il, pour exprimer différentes choses. Mais il ajoute

que la langue de Cusco ou des Incas a trois sortes
de prononciation, qui servent à varier la signification des mots; une des lèvres, une du palais,
et la troisième du gosier. Garcilasso se plaint en
outre que cet idiome manque de plusieurs lettres
des alphabets latin et castillan; telles que *b* (1),
d, *f*, *g*, *i* et *l*. Mais toutes ces observations prou-
veraient plutôt la stérilité de l'alphabet que la pauvreté de la langue.

M. de la Condamine, qui n'a sans doute eu en
vue que l'idiome des gens du commun, dit qu'il
est fort pauvre. Il dit que les différents dialectes du
pays sont souvent énergiques et susceptibles d'é-
légance, mais qu'ils manquent de termes pour
exprimer les idées abstraites et universelles.

« Preuve évidente, ajoute-t-il, du peu de progrès qu'a fait l'esprit humain dans toutes ces contrées. Temps, durée, espace, être, substance, matière, corps, tous ces mots et beaucoup d'autres
n'ont point d'équivalent dans leur langue. Non-seulement les noms des êtres métaphysiques, mais
ceux des êtres moraux ne peuvent se rendre chez

---

(1) Le *b*, en langue espagnole, a une prononciation voisine de
celle de notre *v*. Garcilasso lui-même nous fournit la preuve d'une
particularité fort remarquable de la langue péruvienne. Les frères
s'appellent entr'eux *huangue*, et les sœurs *ñaña*; mais un frère
appelle sa sœur *pañña*, et une sœur nomme son frère *tora*; ainsi,
sans voir la personne qui parle, il suffit de l'entendre pour reconnaître son sexe.   (*Note du Traducteur.*)

eux qu'imparfaitement , et par de longues péri-
phrases. Il n'y a point de mots propres qui répondent exactement à ceux de vertu , justice , liberté ,
reconnaissance , ingratitude. »

Le savant académicien a dressé un vocabulaire
des termes les plus usités dans les différents idio-
mes indiens. Il prétend que la comparaison de ces
mots avec ceux qui ont la même signification en
d'autres langues de l'intérieur des terres peut
non-seulement servir à prouver les diverses transmigrations de ces peuples d'une extrémité à l'autre
de ce vaste continent , mais que lorsqu'elle pourra
se faire avec diverses langues d'Afrique , d'Europe
et des Indes Orientales , çe sera peut-être l'unique
moyen de découvrir l'origine des Américains. Une
conformité de langue bien avérée lui paraît capable de décider la question. « Le mot *abba*, *raba*
ou *papa*, et celui de *mama*, qui des anciennes
langues de l'Orient semblent avoir passé, avec de
légers changements, dans celles de l'Europe , sont
communs à un grand nombre de nations de l'A-
mérique , dont le langage est d'ailleurs très-diffé-
rent. Si l'on regarde ces mots comme les premiers
sons que les enfants peuvent articuler , et par conséquent comme ceux qui ont dû , par tout pays ,
être adoptés préférablement par les parents qui
les entendaient prononcer , pour les faire servir
de signes aux idées de père et de mère , il reste à

savoir pourquoi, dans toutes les langues de l'Amérique où ces mots se rencontrent, leur signification s'est conservée sans se croiser; par quel hasard il n'est pas arrivé quelquefois que *papa* signifiât mère, et *mama* père, mais qu'on observe partout constamment le contraire. »

Quant à la langue des Incas, elle s'évanouit par degrés depuis la conquête, et fait place de jour en jour aux anciennes langues de chaque province du Pérou.

Il n'en paraît pas moins que cette langue commune avait été fort cultivée par les poètes et les philosophes du pays. Les premiers se nommaient *havarac*, et les seconds *amantas*.

Les *amantas*, dont on nous a conservé quelques compositions pleines de grâce et de naïveté, n'ignoraient pas absolument l'astronomie, mais ils ne distinguaient que trois astres par des noms propres; c'étaient le soleil, la lune et la planète de Vénus. Toutes les étoiles étaient comprises sous le nom de *coyllour*. Ils observaient le cours de l'année, et distinguaient les saisons par les différents travaux de l'agriculture : les solstices et les équinoxes entraient aussi dans leurs calculs du temps; mais rien n'approchait de l'attention des anciens Péruviens pour les éclipses de soleil ou de lune, quoiqu'ils en ignorassent les causes, et qu'ils leur en attribuassent de ridicules.

Ils croyaient le soleil irrité contre eux lorsqu'il leur dérobait sa lumière, et toute la nation s'attendait aux plus terribles disgrâces. La lune était supposée malade lorsqu'elle commencait à s'éclipser; si l'éclipse était totale, on la croyait morte ou mourante. Les Péruviens tremblaient qu'elle ne tombât sur la terre et ne l'écrasât : ils jetaient de grands cris et répandaient des larmes. Ils faisaient sortir leurs chiens, et leur donnaient des coups pour les faire aboyer, dans l'opinion que la lune aimait particulièrement ces animaux.

Leurs mois étaient lunaires : ils ne leur donnaient pas d'autre nom qu'à la lune, c'est-à-dire celui de *guilla*; mais ils les divisaient en quatre parties qu'ils distinguaient par des noms et par une fête. Dans l'origine de la monarchie, ils commençaient leur année par le mois de janvier; mais depuis le règne de *Pachacutée*, qu'ils nommaient le Réformateur, ils la faisaient commencer en décembre.

Quoiqu'ils n'eussent aucun principe de médecine, l'expérience leur avait appris la vertu de certaines herbes; et ceux qui se distinguaient par cette connaissance jouissaient d'une haute faveur à la cour : d'ailleurs, ils n'avaient que deux remèdes, l'ouverture de la veine, qui se faisait ordinairement dans la partie affectée, et la purgation, qui consistait à prendre deux onces d'une racine amère.

On remarque comme un usage digne d'attention, qu'ils ne prenaient jamais de remèdes qu'au commencement des maladies, et qu'ensuite ils employaient uniquement la diète ou la privation absolue de nourriture. Dans leur régime habituel, ils s'en tenaient aux aliments simples, soit qu'ils craignissent les mélanges, soit qu'ils les ignorassent.

Ils avaient quelques notions de géométrie, mais grossières et sans méthode. Leur musique instrumentale n'était pas plus recherchée: elle consistait dans l'usage de quelques tambours et de flûtes de cannes, simples, doubles ou triples.

Avant l'arrivée des Espagnols, les Péruviens n'avaient aucune connaissance de l'écriture ; cependant ils avaient trouvé le moyen de conserver la mémoire des événements historiques. Premièrement, les parents étaient obligés de transmettre à leurs enfants , par des récits journaliers, tout ce qu'ils avaient appris de leurs propres pères ; en second lieu, ils suppléaient au défaut des lettres , en partie par des peintures assez informes, comme les Mexicains, et surtout par ce qu'ils nommaient *quippos*. C'étaient des registres de cordes, où, par divers nœuds, et par des fils de différentes couleurs, ils exprimaient une variété surprenante de faits et de choses. Acosta, qui en a vu plusieurs, et qui se les a fait expliquer, n'en parle qu'avec admiration. Les moindres circonstances trouvaient leur place dans ces *quippos*, par de petits cordons attachés aux principales cordes. Des officiers de l'empereur étaient les dépositaires publics de cette espèce de mémoires, comme les notaires le sont de nos actes; et l'on n'avait pas moins de confiance à leur bonne foi. Les *quippos* étaient différents, suivant la nature du sujet, et variés si régulièrement, que les nœuds et les couleurs tenant lieu de nos lettres alphabétiques, on obtenait de cette invention toute l'utilité que nous tirons de l'écriture et des livres.

Acosta paraît encore plus surpris qu'ils fussent parvenus à faire les calculs de l'arithmétique avec de simples grains de maïs. Il assure que nos opérations ne sont ni plus promptes ni plus exactes avec la plume.

On conclura sans doute que la seule inspiration de la nature avait conduit assez loin les Péruviens, surtout si l'on considère qu'étant environnés de nations beaucoup plus barbares, ils ne pouvaient rien devoir à l'exemple.

CHAPITRE XIII.

Antiquités du Pérou. — Tombeaux, haches de cuivre. — Ornements. — Sculpture, architecture. — Forteresses. — Mines d'or, d'argent et de pierres précieuses. — Procédés qu'on emploie pour l'extraction du métal. — Observations de Humbolt sur les montagnes volcaniques du Pérou.

« Si l'on ne remarque pas, dit M. d'Ulloa, dans les monuments des Péruviens, cette élégance qui ne peut venir que d'un goût cultivé, ils ont du moins d'autres perfections que leur rusticité même n'empêche pas d'admirer. »

Ces peuples élevaient des monuments pour la postérité. Les campagnes en sont remplies. Ils choisissaient, comme les premiers Égyptiens, des lieux remarquables pour leurs sépultures. Ils n'étaient point dans l'usage d'enterrer les morts, mais de les déposer, comme nous l'avons dit, dans une espèce de caveau, au-dessus duquel on élevait un amas de pierres et de briques, et des monceaux de terre. Ils nommaient *guaquès* ces collines artificielles, dont la hauteur est ordinairement de cinquante à soixante pieds sur cent vingt de longueur et de largeur. La différence qu'on remarque dans leur élévation est proportionnée au rang et à la richesse des morts. Tous les Péruviens se faisaient ensevelir avec leurs meubles et leurs effets personnels d'or, de cuivre, de pierre et d'argile. C'est ce qui excite la cupidité des Espagnols, dont plusieurs passent leur temps à fouiller dans ces sépulcres, pour y chercher les richesses dont ils les croient remplis. Ce qu'on trouve le plus ordinairement dans les *guaquès*, ce sont, outre le squelette du mort, des vases de terre, des haches de cuivre, des miroirs de pierre d'Inca, et d'autres meubles qui n'ont de curieux que leur antiquité.

On distingue deux sortes de miroirs de pierre, les uns de pierre d'Inca, les autres d'une pierre nommée *gallinace*. La première n'est pas transparente ; elle est peu compacte, et de la couleur du plomb. Les miroirs de cette pierre sont ordinairement ronds, avec une de leurs surfaces plane, aussi polie que le plus beau cristal. L'autre est ovale, convexe et moins unie. M. d'Ulloa en vit un qui n'avait pas moins d'un pied et demi, dont la principale superficie était concave et grossissait fortement les objets. Le défaut de la pierre d'Inca est d'avoir des veines et des paillettes, qui la rendent facile à briser, et qui en gâtent la superficie.

La pierre de gallinace est transparente, extrêmement dure, mais aussi cassante que la pierre à feu, et remplie de défauts. On en connaît plusieurs carrières; mais les Espagnols en font peu de cas, parce que le verre est préférable. Les miroirs de *gallinace* sont travaillés des deux côtés, et bien arrondis; ils sont percés par le haut, ce qui fait connaître qu'on y passait un cordon pour les suspendre. Leur poli ne cède en rien à celui de la pierre d'Inca.

Les haches de cuivre approchent beaucoup de la forme des nôtres. Il paraît que les Péruviens s'en servaient à faire la plupart de leurs autres ouvrages, car, si ce n'était pas leur seul instrument tranchant, la quantité qu'on en trouve fait juger que c'était le plus commun. Quoique leur matière la plus ordinaire soit le cuivre, on en trouve de *gallinace* et d'une sorte de caillou semblable à la pierre à feu. On trouve aussi des pointes de ces deux sortes de pierres, taillées en forme de lancettes. Si les Péruviens avaient d'autres instruments, il est surprenant qu'il n'en soit pas resté dans tous ces *guaquès* où l'on ne cesse de fouiller.

Les anciens vases à boire sont des cruches d'une argile très-fine et de couleur noire ou rouge; on ignore d'où les Péruviens la tiraient. Il y a une anse au milieu; d'un côté est l'ouverture pour le passage de la liqueur, et de l'autre une tête d'Indien, fort bien faite.

Entre les meubles d'or, les plus communs sont des *nasières*, espèce de patènes, mais plus petites que celles des calices d'église, que les Péruviens portaient suspendues au cartilage qui sépare les deux narines; des colliers, des bracelets, des pendants d'oreilles, et des idoles représentant des figures d'hommes ou d'animaux. Tous ces ouvrages sont d'un or aussi mince que le papier. Les idoles sont creuses en dedans, et évidées jusqu'aux moindres traits. Comme elles sont d'une seule pièce, et sans aucune apparence de soudure, les orfèvres les plus exercés ne conçoivent pas comment on a pu les faire.

Ces Indiens savaient sculpter une pierre fort dure, et lui donner la forme et la couleur des épis de maïs.

Leur habileté à travailler les émeraudes fait

naître encore plus d'étonnement. Ils tiraient probablement ces pierres de la côte de *Manta* et d'un canton du gouvernement d'Atacamès, car, bien qu'on n'en puisse plus retrouver les mines, les tombeaux de Manta et d'Atacamès recèlent des émeraudes. Ce qui étonne, c'est de les voir taillées en figure sphérique, en cylindres et en cônes, sans que ces peuples aient eu connaissance de l'acier et du fer, et quoiqu'ils aient, en un mot, manqué de tous les procédés nécessaires pour façonner des pierres aussi dures. Ils les perçaient néanmoins avec une délicatesse que nos ouvriers prendraient pour modèle.

Nous avons déjà parlé des édifices des Péruviens et de l'admirable jointure des pierres. Il en est qui sont construits en cailloux si parfaitement réunis, qu'on ne peut faire entrer la pointe d'un couteau dans l'intervalle. On n'y remarque aucune liaison de ciment et de mortier. On voit des inégalités non-seulement dans les assises de pierres, mais dans les pierres mêmes, et l'ouvrage n'en est que plus curieux; car une petite pierre étant immédiatement suivie d'une grande, imparfaitement équarrie, celle de dessus ne laisse point d'être accommodée à cette double inégalité, de même qu'aux saillies et aux irrégularités de la face. De quelque côté qu'on les regarde, on voit qu'elles sont jointes avec la même perfection. La hauteur des murs est, dans ces édifices, d'environ quinze pieds sur trois à quatre d'épaisseur. Les portes, hautes de douze pieds, ne sont ni carrées ni cintrées comme celles d'Europe; elles vont en se rétrécissant du haut en bas. Le monarque y passait dans sa litière sans en descendre, et on le portait ainsi jusqu'à son appartement. Les Péruviens ignoraient l'art de construire des voûtes, et étaient obligés de faire leurs linteaux (1) d'une seule pièce.

Les anciens Égyptiens construisaient des pyramides. Il paraît que les antiques habitants du Pérou construisaient des cônes. On voit encore dans un district une colline artificielle de la forme d'un pain de sucre. De tous côtés on rencontre des vestiges de places fortes.

Les seules mines qu'exploitassent les anciens Péruviens étaient celles d'or, d'argent et d'émeraudes; mais on n'a pas de notions certaines sur la manière dont ils se procuraient ces précieuses matières. Il est probable qu'ils ne faisaient qu'effleurer la surface du terrain, et que ces excavations profondes, ces puits, ces galeries si industrieusement ménagés par les mineurs actuels, leur étaient inconnus.

(1) La pierre d'en haut, supportée par les deux assises latérales.

« Ce n'est point, dit **M.** d'Ulloa, la fertilité du terroir, l'abondance des moissons et des récoltes, la quantité des pâturages, qui font estimer un canton du Pérou, c'est le nombre de ses mines. Les autres bienfaits de la nature, qui sont, au fond, les plus estimables, n'obtiennent pas la moindre considération, si les veines de la terre ne renferment point d'abondantes portions d'or et d'argent fin. Telle est la bizarrerie des hommes. Une province dont on tire une grande partie de ces métaux est appelée riche, quoique réellement elle soit pauvre, puisqu'elle ne produit pas de quoi nourrir ceux qui sont employés au travail des mines, et qu'il faut tirer d'un autre district les vivres dont elle a besoin.

« Au contraire, on appelle pauvres celles qui, loin de l'être, produisent des bestiaux, des grains et des fruits en abondance, jouissent d'un climat doux, où l'on trouve en un mot toutes les commodités de la vie, mais qui n'ont point de mines, ou dans lesquelles d'invincibles difficultés ne permettent point de les découvrir. Cependant les provinces qu'on honore du nom de riches ne sont proprement que des lieux d'entrepôt ; l'or et l'argent qu'on tire de leur sein n'en sortent que pour passer dans d'autres lieux : on se hâte de les emporter fort loin, et le pays dont ils sont la production est celui dans lequel ils font le moins de séjour. »

Nous n'entreprendrons pas d'expliquer par quels procédés on exploite les mines; cependant je crois pouvoir satisfaire mes jeunes lecteurs en leur donnant quelque idée de la manière dont on arrache des entrailles de la terre ces métaux si nécessaires dans l'économie de la société; ils apprendront en même temps que la valeur qu'on leur donne dans le commerce n'est pas tout à fait idéale, qu'elle représente les difficultés, les dépenses et même les dangers de l'extraction; et que si, par quelque événement, l'or devenait aussi commun que le sable ou les cailloux, il ne serait plus d'aucun prix.

On commence d'abord par faire des trous profonds, d'où l'on est obligé de tirer, à force de pompes et de machines, l'eau qui s'y répand de toutes parts, comme dans nos puits, car si l'on ne gagnait de vitesse sur l'eau, et si on lui laissait faire des progrès, toute la cavité serait bientôt inondée, et il faudrait des dépenses excessives pour la remettre en exploitation. Il est nécessaire d'user des mêmes précautions, afin de purger l'intérieur de la mine des vapeurs méphitiques et délétères qui s'exhalent du sein de la terre, ou qui s'y amassent à la longue.

On suit tous les filons, toutes les veines de la

mine, en pratiquant tantôt des puits perpendiculaires, tantôt des galeries ou chambres horizontales. On soutient, d'espace en espace, toutes ces excavations par des cintres en charpente, ou par des murs en maçonnerie, de peur que le terrain supérieur ne s'affaisse et n'écrase les malheureux ouvriers. Cependant, malgré toutes les précautions, ces accidents ne sont pas très-rares.

Les mineurs, après avoir pourvu à leur sûreté, font des fouilles dans l'épaisseur de la terre, et enlèvent le minerai, c'est-à-dire toutes les parties terreuses qui leur paraissent contenir du métal.

Ce minerai est un alliage impur de toutes sortes de substances, d'or, d'argent, de divers métaux, d'arsenic, de soufre et de plusieurs sels. On porte les blocs de minerai dans des moulins nommés *trapiches*, et à peu près construits comme ceux dont on se sert en Normandie pour fabriquer du cidre. Il y a une meule tournante et une meule gissante, dans l'intervalle desquelles la matière se réduit en poudre. Si c'est d'une mine d'or qu'elle a été extraite, on y voit briller des parcelles de ce métal. Il ne s'agit, pour l'en séparer, que de mettre le tout dans une auge remplie d'eau, et de l'agiter avec du mercure. Le vif-argent a une affinité singulière pour l'or, et le dissout avec presque autant de facilité que l'eau fond le sucre ou le sel. L'or incorporé avec le mercure tombe au fond par son propre poids. L'on ramasse cet amalgame et on l'exprime dans un nouet de toile; ensuite on le fait chauffer : le mercure se vaporise, et laisse l'or à découvert; c'est ce qu'on appelle *or de pigne*. Il contient encore une petite quantité de vif-argent, que l'on achève de retirer par la fusion et le raffinement.

L'exploitation des mines d'argent n'est pas, à beaucoup près, aussi prompte, parce que ce dernier métal est toujours allié à des substances hétérogènes, et y adhère fortement.

On commence également par en écraser le minerai, soit dans des *trapiches*, soit avec des pilons, mis en mouvement par une roue de vingt-cinq à trente pieds de diamètre. Comme il s'y trouve d'ordinaire un mélange de certains métaux qui ne se pulvériseraient pas aisément, tels que le cuivre, on commence par calciner le minerai à un grand feu.

On mélange ensuite cette poudre avec du vif-argent, et cette opération est très-laborieuse, parce que le mercure ne s'imbibe pas aussi promptement dans l'argent que dans l'or. Il faut renouveler sans cesse les surfaces, diviser le minerai le plus possible, et pour cela pétrir la pâte huit fois par jour, pendant un ou deux mois entiers; encore est-on obligé de faire du feu sous les tables de trituration , et de mêler à la pâte du minerai de plomb ou d'étain, afin de faciliter l'action du mercure.

Lorsque le mercure a ramassé tout l'argent , il faut encore plusieurs opérations que nous passerons sous silence, et par lesquelles on s'assure de la qualité de la mine. On lave l'amalgame dans une eau courante, et on le réduit en une espèce de boue liquide.

Cette boue est exprimée d'abord dans une chausse de laine, ensuite exposée sur un grand feu, afin de vaporiser le mercure ; mais comme ce dernier métal est lui-même très-cher, et qu'on en doit perdre le moins possible, cette opération se fait sous une espèce d'alambic. La vapeur du mercure circule dans une espèce de chapiteau , et est ramenée dans un vase rempli d'eau, où elle se refroidit, se condense et tombe au fond, transformée de nouveau en mercure. Ainsi l'on en perd fort peu, et le même sert plusieurs fois , pourvu que l'on ait soin d'en augmenter la dose. Cependant on consumait autrefois dans le Potosi six à sept mille quintaux de mercure par an, et l'on peut juger par la de là quantité d'argent qu'on en tirait.

Quand le mercure est évaporé , il ne reste plus qu'une masse de grains d'argent contigus, fort légère et presque friable, qu'on nomme *pigne* ,

marchandise réputée de contrebande hors des mi-
nières, parce que les lois obligent de la porter aux
caisses royales , afin d'en payer le *quint* ou droit
proportionnel, qui était autrefois d'un cinquième.
Là , elle est fondue pour être convertie en lingots,
sur lesquels on imprime les armes de la couronne,
celles du lieu où ils se font, leur poids, leur
qualité et l'aloi de l'argent. On est toujours sûr
que les lingots quintés sont sans fourberie, mais
il n'en est pas de même des *pignes*. Ceux qui les
font mettent souvent au milieu du fer, du sable et
d'autres matières pour en augmenter le poids.

Les minerais d'argent du Pérou sont de différentes qualités , et les gens de l'art les reconnais-
sent à leur couleur. Les plus estimés sont ceux
où les parcelles d'argent brillent de tout leur éclat.
C'étaient ces mines seulement qui étaient exploi-
tées par les anciens habitants, car, ignorant l'usage
du mercure, ils ne travaillaient que le minerai
susceptible de se fondre. Comme ils avaient peu
de bois, ils chauffaient leurs fourneaux avec de
l'*icho* (espèce de jonc), de la fiente de *lamas* et
d'autres animaux; enfin, à défaut de gros soufflets,
ils les exposaient sur les montagnes , afin que
l'impétuosité du vent donnât plus d'activité à la
flamme. Les mineurs de nos jours sont également
obligés de suppléer à la disette de bois et de charbon en brûlant de l'*icho*.

Les mines du Pérou appartiennent à celui qui les découvre le premier. Il suffit de présenter requête à la justice, pour s'en assurer la propriété. On y retient seulement pour le roi, et l'on vend au profit de la couronne, une étendue de quatre-vingts vares de longueur sur quarante de large (1). Le propriétaire exploite le reste comme il l'entend, ou bien vend à d'autres entrepreneurs tout ou partie de son privilége.

Dans le Popayan, il y a des mines d'or, dont l'exploitation est extrêmement facile, car il est natif, c'est-à-dire presque pur, et l'on n'a pas besoin de mercure ponr le fondre. L'argent natif est beaucoup plus rare.

Il y a dans la province de Quito des mines de mercure qui seraient très-utiles pour l'exploitation des autres, mais que l'avarice du fisc a fait fermer, parce qu'on s'en servait pour raffiner secrètement le minerai, et frauder le trésor royal du droit de quint.

Il est probable que les mines de fer, de cuivre, d'étain et de plomb, ne sont pas moins abondantes au Pérou que celles d'or et d'argent, et seraient aussi productives, car, comme je l'ai dit, la valeur intrinsèque de chaque minéral est toujours en rai-

____

(1) Deux cent quarante-six pieds sur cent vingt-trois.

son de sa rareté ou des difficultés de l'exploitation; mais les Péruviens, éblouis par l'attrait de l'or, négligent des métaux moins précieux, et ont la même insouciance pour les belles carrières de pierres, d'albâtre et de cristal de roche, qui se trouvent dans leur pays.

Les mines d'émeraudes et de rubis, que l'on a découvertes dans les premiers temps de la conquête, semblent avoir été épuisées; mais il n'y a pas de doute qu'à l'aide de quelques recherches on en découvrirait de nouveaux filons. Les compagnons et les successeurs de Pizarre ont brisé une innombrable quantité de ces belles pierres, dans la folle opinion que, si elles étaient fines, elles devaient résister au marteau.

Après avoir parlé des richesses intérieures du sol, il nous reste à parler des productions qui se trouvent à sa surface, et des animaux qui s'y nourrissent.

Notre attention doit se porter d'abord sur cette énorme chaîne des Cordilières, sur ces montagnes d'une hauteur démesurée, et plus grandes en Amérique qu'en aucune autre partie du monde.

Les travaux pénibles des académiciens français et espagnols sur le Pichincha et autres montagnes du Pérou doivent avoir suffi pour en donner une idée à nos jeunes lecteurs. Le Chimboraço est une montagne encore plus haute. M. Humbolt, célèbre voyageur et savant distingué, en a gravi le sommet il y a quelques années, et est parvenu à une plus grande hauteur qu'aucun voyageur connu.

Il a fixé son attention sur les éruptions volcaniques dont nous avons parlé. Nous avons vu plus haut que les volcans d'Amérique projettent souvent, au milieu de torrents de laves incandescentes, des ruisseaux d'eau bouillante et de boue liquide; mais ce qui est remarquable, et ce que M. Humbolt n'atteste que sur des autorités irrécusables, c'est que l'on trouve dans ces courants d'eau douce, échappés des entrailles des volcans, une multitude infinie de poissons.

Le volcan d'Imbabourou, entre autres, en jeta une fois un si grand nombre auprès de la ville d'Ibarra, que leur putréfaction occasionna des maladies. Ce qu'il y a de singulier, c'est de voir que ces poissons ne sont aucunement endommagés, quoique leur corps soit extrêmement mou : ils ne paraissent même pas avoir été exposés à une forte chaleur; et les Indiens assurent que quelquefois ils arrivent vivants au pied de la montagne.

Tantôt ces animaux sont lancés par les bouches des cratères, tantôt ils sont vomis par des crevasses latérales ; mais toujours ils proviennent d'une hauteur de douze à treize cents toises audessus des plaines environnantes. M. Humbolt pense qu'ils vivent dans des espèces de lacs intérieurs ; et ce qui confirme cette opinion , c'est que l'on trouve la même espèce de poissons dans les ruisseaux qui coulent au pied des montagnes volcaniques.

CHAPITRE XIV.

Nous allons présentement nous occuper de l'histoire naturelle de tous les pays dont il est question dans ce voyage; mais nous parlerons seulement des productions les plus remarquables.

Il croît dans l'isthme de Darien un arbre de grandeur médiocre, et dont les fruits sont une espèce de calebasses. Les unes sont douces, et les

Indiens en boivent le jus avec avidité ; les autres
sont amères; et on ne les emploie qu'en médecine;
mais les Indiens en font dessécher l'enveloppe ,
et s'en servent pour divers usages, après les avoir
couvertes à l'extérieur d'une espèce de vernis et
de peintures fort élégantes.

Les plus grands arbres du pays de Carthagène
sont l'acajou, le cèdre , le bananier, l'arbre-marie
et les diverses espèces de palmier. Le gayac et
l'ébénier , qui croissent dans les montagnes , ont
presque la dureté du fer.

Tout le monde connaît aujourd'hui en Europe
les propriétés de la *sensitive*, plante originaire de
l'Amérique méridionale. Mes jeunes lecteurs n'i-
gnorent pas que ses feuilles sont portées sur un
pédoncule, et écartées comme une espèce d'éven-
tail ; qu'elles se resserrent subitement et semblent
se flétrir au contact, et même à l'approche du
bout du doigt ou de tout autre corps étranger. Les
naturalistes n'ont pas encore donné une explication fort satisfaisante de ce phénomène ; on ne
sait si l'on doit l'attribuer à l'action de l'électricité.
Ce qu'il y a de certain, c'est qu'une foule d'autres
plantes possèdent cette propriété, quoique à un
degré inférieur. Les étamines de la fleur de capu-
cine (c'est-à-dire ces parties délicates et supportées
par des filaments qu'on remarque dans l'intérieur
de la corole) éprouvent une sorte de contraction

et de crispation lorsqu'on les frotte légèrement avec une épingle.

Toutes les plantes dont le fruit est dans une cosse semblable à celle des pois, et qu'on appelle pour cette raison *légumineuses*, telles que l'acacia et la sensitive elle-même, ont pendant la nuit une espèce de sommeil. Leurs feuilles, ordinairement disposées sur une tige comme les barbes d'une plume (1), se reploient dès la chute du jour, et ne s'épanouissent qu'aux premiers rayons du soleil.

Certaines fleurs, comme le tournesol et l'héliotrope, se tournent vers le soleil, et en suivent tous les mouvements. D'autres, telles que la belle-de-nuit du Pérou, n'ouvrent leur calice qu'après le soleil couché. Quelques-unes, comme la belle-de-jour, espèce de liseron, et le *stramonium-datura*, ne sont ouvertes que le jour, et se referment le soir. Enfin, presque toutes les fleurs s'épanouissent et se ferment à des heures marquées; et c'est sur cette observation que Linnée a composé son horloge de Flore. Il en est une qui est d'une précision admirable; c'est l'ornithogalle, de la famille des liliacées, et qu'on a appelée *notre-dame-d'onze-heures*, parce qu'elle s'ouvre ponctuellement une heure avant midi.

(1) Les naturalistes les appellent pour cela *pinniformes*.

Mes jeunes lecteurs me pardonneront sans doute cette courte digression.

Le tabac croît naturellement surtout le continent de l'Amérique. Les Indiens ont une singulière manière de le fumer. Ils en forment des rouleaux semblables à nos cigares, mais ils ont chacun sous le nez un petit entonnoir qui leur sert à recevoir la fumée, et pendant une demi-heure ils respirent voluptueusement cette fumée, qui leur procure une espèce d'ivresse.

Le *matapolo* est une plante rampante, et d'une tige fort mince, qui s'enlace autour de quelque gros arbre, se nourrit de sa substance, et, la consumant par degrés, finit par prendre sa place ; ensuite il devient si gros, qu'on en fait des canots de la première grandeur.

Le manglier ou palétuvier est une plante remarquable par l'étonnante facilité avec laquelle elle se multiplie. Il ne vient que dans les endroits marécageux :

Le manglier, en sortant de terre, commence par se diviser en branches noueuses et torses, et produit par chaque nœud une infinité d'autres branches qui se multiplient jusqu'à former un entrelacement impénétrable, et produisent une espèce de petite forêt. Les branches de cet arbre sont tellement souples, qu'on les tord inutilement pour les rompre, et qu'elles ne peuvent être coupées que par le tranchant du fer. Quoiqu'elles s'étendent horizontalement, les troncs principaux ne laissent pas de croître en hauteur.

Les diverses régions du Pérou sont propres à la culture de presque tous nos fruits d'Europe, mais on y recueille de plus des fruits qui ne viennent que dans son territoire.

Le chirimoya est une espèce d'orange d'un goût exquis. L'arbre qui le porte est haut et touffu ; ses feuilles sont arrondies, mais un peu moins larges que longues, et se terminent en pointe. C'est une singularité dans ce climat, que la propriété que possède cet arbre de se dépouiller de ses feuilles pour en prendre de nouvelles, qui se dessèchent à leur tour et tombent tous les ans. Sa fleur jouit aussi d'une propriété distinguée : elle est d'abord verte comme les feuilles, et tire ensuite sur le jaune. La découpure de son calice n'est pas élégante, mais son odeur est des plus agréables : on en cueille beaucoup, parce qu'elles se vendent fort cher.

La fraise du Pérou diffère considérablement de celle d'Europe, tout par sa grosseur et que par son goût exquis.

L'oca est une racine qui se mange bouillie, frite ou glacée avec du sucre, et qui a le goût de la châtaigne.

La fameuse herbe nommée *coca*, ou herbe du

Paraguay, est préférée, dit-on, par les Péruviens, aux pierres précieuses. Les Indiens la mâchent en portion égale avec une sorte de craie ou terre blanche du pays ; ils crachent d'abord, mais ensuite ils avalent le jus avec leur salive, en continuant de mâcher la feuille et de la tourner dans leur bouche, jusqu'à ce qu'elle cesse de rendre du jus. Elle leur tient lieu de toute nourriture aussi longtemps qu'ils en ont. L'expérience prouve que cette herbe les rend vigoureux, et qu'ils s'affaiblissent dès qu'elle leur manque

La véritable cannelle se tire de l'île Ceylan, mais il y a au Pérou un cannelli , dont l'écorce ne serait pas moins précieuse, si on prenait plus de soin de sa culture.

Il existe dans quelques districts du Pérou une petite plante qu'on appelle *palo-de-luz*, c'est-à-dire *bâton de lumière*. On coupe la tige fort près de terre, on y met le feu , et elle répand une lumière qui égale celle d'un flambeau, sans demander d'autre soin que d'en séparer le charbon qu'elle produit en brûlant.

On trouve en outre, dans l'Amérique méridionale, quantité d'herbes et de bois propres à la teinture.

Dans le territoire de l'isthme, il existe de nombreux troupeaux de porcs sauvages, qui ont, à ce que l'on assure, le nombril sur le dos, au lieu de l'avoir sous le ventre. Les lapins, les lièvres et les singes y sont en grand nombre. Le renard de l'isthme, quand il est poursuivi par des chiens ou autres animaux qui lui font la guerre, mouille sa queue de son urine, et la leur fait jaillir au museau. L'odeur en est si fétide, qu'elle suffit pour les arrêter. M. d'Ulloa assure que cette urine se fait sentir à un quart de lieue de distance, et pendant une demi-heure.

Les rats et les souris infestent toutes ces contrées, et Waffer dit que le plus beau présent qu'on pourrait faire aux Indiens serait de leur procurer une race de chats.

Nous avons déjà dit combien le plumage des petits oiseaux de ces contrées est éclatant. Il suffit, pour s'en convaincre, d'aller voir dans un cabinet d'histoire naturelle des colibris et des oiseaux-mouches empaillés, et dont la couleur est admirable, quoiqu'elle ait dû nécessairement éprouver quelque altération et perdre de sa beauté.

Le toucan est un volatile remarquable par la bizarrerie de ses formes. Il est à peu près gros comme un pigeon-ramier, mais il a les jambes longues, la tête extrêmement grosse, et le bec monstrueux. Ce bec n'a pas moins de sept ou huit pouces. On croirait d'abord qu'il est destiné à couper et à broyer des aliments très-durs : éh bien ! il est mince, fragile, et n'a guère plus d'épaisseur qu'une feuille de parchemin. La langue de ce même oiseau est très-mince et faite en barbe de plume. Le toucan ne vit que d'insectes ou de petits fruits. Il saisit sa proie avec l'extrémité de son bec, et la jette en l'air, afin de la recevoir au fond du gosier.

Les Espagnols l'appellent *oiseau-prêcheur*, parce qu'ils prétendent qu'il se perche pendant la nuit sur la cime d'un arbre, tandis que d'autres oiseaux dorment sur les branches inférieures; et qu'il fait avec sa langue un bruit qui ressemble à des paroles mal articulées, afin d'empêcher les oiseaux de proie d'approcher et de surprendre ses compagnons.

Les chauves-souris de cette contrée passent pour très-dangereuses. Elles sont grosses comme nos pigeons, et ont des ailes membraneuses d'une envergure considérable. La province de Carthagène s'en ressent au point qu'après le coucher du soleil il en arrive des nuées qui couvrent les rues. Ces animaux s'appellent *vampires*, parce qu'ils sucent le sang des hommes et des quadrupèdes. L'excessive chaleur du pays obligeant de tenir ouvertes, pendant la nuit, les portes et les fenêtres des chambres où l'on couche, elles y entrent: et si quelqu'un dort, le bras ou le pied découvert, elles le piquent à la veine, aussi subtilement que le plus habile chirurgien, pour sucer le sang qui en sort.

« J'ai vu, dit M. d'Ulloa, plusieurs personnes à qui cet accident était arrivé, et qui m'ont assuré que, pour peu qu'elles eussent tardé à s'éveiller, elles auraient dormi pour toujours, car elles avaient déjà perdu tant de sang, qu'il ne leur serait pas resté assez de force pour arrêter celui qui continuait de sortir par l'ouverture. »

Il ne paraît pas étonnant au même voyageur qu'on ne sente point la piqûre, parce que, indépendamment de la petitesse de la plaie, l'air agité par les ailes de la chauve-souris rafraîchit le dormeur, et rend son assoupissement plus profond.

Le corrosou est un grand oiseau de terre, noir, pesant, et de la grosseur d'une poule d'Inde. Il a sur la tête une belle huppe de plumes jaunes, qu'il fait mouvoir à son gré. Sa gorge est semblable à celle du coq d'Inde. Il vit sur les arbres, et se nourrit de fruits. Les Indiens prennent tant de plaisir à son chant, qu'ils s'étudient à le contrefaire; et la plupart y réussissent dans une si grande perfection, que l'oiseau s'y trompe et leur répond. Cette ruse sert à le faire découvrir.

Les Indiens, après avoir mangé la chair du corrosou, ne manquent jamais d'enterrer ses os, ou de les jeter dans une rivière, pour les dérober à leurs chiens, auxquels ils prétendent que cette nourriture donne la rage.

Les insectes et les reptiles sont en si grand nombre dans toute cette région, que non-seulement les habitants en reçoivent beaucoup d'incommodité, mais que leur vie même est souvent en danger par la morsure de ces terribles animaux. Tels sont les serpents, les centipèdes, les scorpions et les araignées. Entre les serpents, il n'y en a point de si venimeux au monde, ni de plus communs, que les *corales*, les *serpents à sonnettes*, et ceux appelés *saules*, parce qu'ils ressemblent au bois de saule par la couleur, et se cachent toujours dans les branches de cet arbre.

M. d'Ulloa ne fait pas difficulté d'assurer que les plus redoutables de ces reptiles ne nuisent jamais s'ils ne sont offensés; que loin d'être agiles, ils sont d'une lenteur qu'il nomme paresse; qu'on passe vingt fois devant eux, sans qu'ils fassent le moindre mouvement; que s'ils n'en faisaient quelquefois pour se retirer dans les feuilles, on ne distinguerait pas s'ils sont morts ou vivants; enfin, qu'il n'y a de danger que pour ceux qui marchent dessus, ou qui ont l'imprudence de les irriter autrement.

Les habitants de Panama sont infatués à l'excès de deux singularités dont ils font honneur à la nature. C'est une opinion générale dans la ville, que les campagnes voisines produisent une espèce de serpent qui a deux têtes, *une à chaque extrémité du corps*, et que son venin n'est pas moins dangereux d'un côté que de l'autre. Il ne fut pas possible aux mathématiciens des deux couronnes, pendant leur séjour à Pauama, de voir un de ces merveilleux animaux. M. d'Ulloa est porté à croire qu'ils n'ont qu'une seule tête, et que tout le corps étant d'une grosseur égale (ce qui paraît assez singulier), les habitants ont conclu qu'ils avaient deux têtes, parce qu'il n'est pas aisé de distinguer la partie qui en mérite réellement le nom (1).

Ils vantent aussi une plante qu'ils appellent *herbe-du-coq*, et dont ils prétendent que l'application est capable de guérir sur-le-champ un poulet à qui l'on aurait coupé la tête en respectant une seule vertèbre du cou. Les mathématiciens pressèrent en vain ceux qui faisaient ce récit de leur montrer l'herbe; ils ne purent l'obtenir,

(1) Bancraft, dans son *Voyage à la Guyane*, publié en 1769, a décrit un serpent à deux têtes, et en a donné un dessin qu'il assure exact. Les deux têtes ne sont point placées chacune à une extrémité, mais réunies sur le même tronc, et disposées obliquement l'une à côté de l'autre. Reste à savoir si Bancroft parle d'après ses propres observations, ou s'il n'a point été trompé par des rapports infidèles.　　　　　*(Note du Traducteur.)*

quoiqu'on les assurât qu'elle était commune : d'où l'auteur conclut que ce n'est qu'un bruit populaire, dont il ne parle que pour éviter le reproche d'avoir ignoré ce qu'on en raconte.

Les centipèdes sont de gros cloportes couverts d'écailles dures, dont la piqûre est mortelle si l'on ne fait usage de prompts remèdes. Celle des scorpions produit de grandes douleurs, mais ne cause point la mort. M. d'Ulloa observe que le scorpion mis dans un vase de cristal avec un peu de fumée de tabac, devient comme enragé, et qu'il se pique la tête de son aiguillon jusqu'à ce qu'il se soit tué lui-même.

Le *caracol soldado*, ou limaçon-soldat, est un dangereux insecte de l'isthme. Depuis le milieu du corps jusqu'à sa partie postérieure, il est fait comme un limaçon ordinaire, mais le reste ressemble à l'écrevisse. Il n'a point naturellement de coquille ni d'écaille; mais pour se mettre à couvert, il a l'industrie de chercher une coquille de vrai limaçon, proportionnée à sa grandeur , et de s'y blottir : souvent il est obligé de tuer le légitime propriétaire, afin de se loger à sa place. M. d'Ulloa a vérifié ce fait par ses propres yeux. La morsure de ce même insecte cause pendant vingt-quatre heures les mêmes accidents que celle du scorpion.

La *nigue* est un petit insecte fort commun dans

tous les pays chauds de l'Amérique, et qui se loge entre cuir et chair dans les jambes et les pieds des animaux. Ses progrès y sont insensibles; mais lorsque l'animal a pris quelque grosseur, si l'on ne s'y prend à temps pour l'extirper, la plaie se gangrène et nécessite quelquefois l'amputation du membre. M. d'Ulloa fait observer que cet insecte se meut difficilement, et que s'il avait la faculté de sauter, il n'y a point de corps vivant qui n'en fût rempli; les trois quarts des hommes périraient par les accidents que cette engeance pourrait leur causer.

On trouve sur les côtes de Guayaquil un petit coquillage qui renferme une sérosité rouge, propre à la teinture; c'est probablement la pourpre des anciens. Un fil de soie ou de coton que l'on y trempe prend bientôt une couleur si vive et si forte, qu'il n'y a point de lessive qui puisse l'effacer.

Les montagnes du Pérou nommées *Paramos*, sont remplies de chevreuils. Leur chasse est une des passions dominantes des Péruviens.

« La chasse aux chevreuils, dit M. d'Ulloa, est d'une intrépidité qu'on pourrait qualifier d'extravagance, si les hommes les plus sages n'y prenaient le même goût après en avoir une fois essayé. Elle se fait par plusieurs personnes, divisées en deux troupes; l'une d'Indiens à pied, pour faire lever les chevreuils , l'autre de cavaliers , pour la course.

« On se rend dès la pointe du jour sur le sommet des montagnes, chacun avec un lévrier en laisse. Les piétons font des battues dans les ravines : s'il part un chevreuil, le cheval le plus proche s'en aperçoit aussitôt, et court après lui sans qu'il soit possible au cavalier de le retenir ni de le gouverner, quelques efforts qu'il y emploie. Il galoppe par des descentes si roides, qu'un homme à pied n'y passerait pas sans précaution : un étranger, témoin pour la première fois de ce spectacle, est saisi d'effroi , et juge qu'il vaudrait mieux se laisser tomber de la selle et couler. jusqu'au bas de la descente que de s'abandonner au caprice d'un animal qui ne connaît ni frein ni danger.

« Cependant le cavalier est emporté de gré ou de force jusqu'à ce que le chevreuil soit pris, ou que son coursier, excédé de fatigue, cède la victoire à la bête, qui continue de fuir. Ceux qui sont postés dans d'autres lieux n'ont pas plutôt vu le mouvement du premier, qu'ils partent de même , les uns pour couper le chemin au chevreuil, les autres pour l'attaquer de front. On donne le nom de *parameros* à ces chevaux, et ils sont exercés dès l'âge le plus tendre. Le cavalier qui ne se tiendrait pas ferme sur l'arçon perdrait infailliblement la vie, soit par la violence de la chute, soit par l'emportement du cheval même, qui, poursuivant sa course, ne manquerait pas de l'écraser sous ses pieds. »

Les oiseaux de ces mêmes montagnes sont le *condor* et le *zumbardor* ou bourdonneur.

Le *condor* ne passera plus pour un être imaginaire depuis que les mathématiciens de France et d'Espagne se sont assurés de son existence. C'est une espèce d'aigle, et le plus grand de tous les oiseaux. Jamais on ne le voit dans les lieux bas; ce qui fait juger que sa complexion demande un air fort subtil : on l'apprivoise néanmoins dans les villages. Il est carnassier. On le voit fréquemment enlever des agneaux.

Les Indiens tendent des piéges à ce redoutable oiseau de proie : ils l'assomment ou le prennent vivant après l'avoir enivré avec des herbes qu'ils enfouissent avec de la chair de quelque animal. Au surplus, le condor est d'une telle vigueur, qu'il terrasse d'un coup d'aile et estropie quelquefois les hommes qui l'attaquent.

Le zumbardor est un oiseau nocturne qui ne manifeste guère sa présence que par un bourdonnement continuel.

Dans la partie du Pérou qui n'a ni bruyères ni montagnes, on ne voit que des animaux domestiques, dont les espèces sont pour la plupart venues d'Espagne; mais on y trouve aussi trois sortes de quadrupèdes ruminants qui semblent faire un intermédiaire entre la brebis et le chameau : ce sont le lama (1), la vigogne et le guanaque. Ils sont d'une extrême utilité. Non-seulement ils fournissent d'excellente viande de boucherie, et ce poil d'une finesse extrême, dont on fabrique le beau drap de vigogne, mais on les emploie dans les montagnes, comme bêtes de somme, surtout pour transporter le minerai.

Les vastes plaines qui s'étendent depuis Buenos-Ayres jusqu'au Chili, sont remplies de chevaux et de bœufs sauvages, provenants d'un petit troupeau que les Espagnols ont laissé à Buenos-Ayres, lorsqu'ils abandonnèrent cette ville, peu de temps après sa fondation. Ils s'y sont tellement multipliés, qu'en 1628 on avait un bon cheval pour deux aiguilles, et un bœuf, à proportion. Aujourd'hui, à force de les chasser, on les a rendus plus rares. On tue les taureaux sauvages pour prendre leur cuir; mais une partie des chasseurs n'en prennent que la langue, et la graisse, qui, dans ce pays, tient lieu de beurre, de lard, d'huile et de sain-doux.

(1) Les Espagnols écrivent *llama;* l'*l* double se prononce dans leur langue d'une manière particulière, mais qui diffère peu d' l'*y* ou de l'*l* mouillée. *(Note du Traducteur.)*

Les chiens, dont un très-grand nombre est devenu sauvage, les tigres et les lions en détruisent plus qu'on ne peut se l'imaginer. Ils se contentent souvent d'en boire le sang, et prennent plaisir à en tuer dix ou douze, pour n'en dévorer qu'un seul. Mais les plus cruels ennemis de ces animaux, ce sont les chiens, qui peut-être dévoreront un jour les hommes, quand ils ne trouveront plus de bétail. Ce qu'il y a d'étrange, c'est qu'on ne peut faire entendre raison là-dessus aux habitants. Un gouverneur de la province avait envoyé quelques compagnies militaires, pour donner la chasse à ces voraces animaux; elles n'en furent récompensées que par des railleries piquantes. Les soldats, à leur retour, furent traités de *tueurs de chiens*. Aussi n'a-t-on pu les engager depuis à rendre le même service au pays.

Le père *Montoya*, missionnaire digne de foi, a décrit les mœurs des serpents du Paraguay qu'on nomme *chasseurs*. Ces énormes reptiles guettent leur proie du haut des arbres, s'élancent dessus, la serrent avec tant de force, qu'elle ne peut plus se remuer, et la dévorent toute vivante. Mais lorsqu'ils ont avalé des bêtes entières, ils deviennent si pesants, qu'ils ne peuvent plus se traîner. Notre auteur ajoute que, n'ayant pas toujours assez de chaleur naturelle pour digérer de si gros morceaux, ils périraient si la nature ne leur

avait pas suggéré un étrange remède. Ils tournent
le ventre au soleil, dont l'ardeur le fait pourrir ; les
vers s'y mettent, et les oiseaux fondant dessus ,
se nourrissent de ce qu'ils peuvent enlever. Le
serpent ne manque point d'empêcher qu'ils
n'aillent trop loin : et bientôt sa peau se referme.
Mais il arrive quelquefois qu'en se rétablissant
elle adhère à des branches d'arbre sur lesquelles
l'animal se trouvait couché, et le reptile meurt
dans une longue agonie.

Plusieurs de ces monstrueux reptiles se nourrissent de poisson. Le père Montoya en a vu un
dont la tête était de la grosseur d'un veau, et
qui pêchait sur le bord d'une rivière. Ce serpent
commençait par jeter de sa gueule beaucoup
d'écume dans l'eau ; ensuite y plongeant la tête,
et demeurant quelque temps immobile , il ouvrait
tout d'un coup la gueule , pour avaler quantité de
poissons que l'écume semblait attirer.

M. d'Ulloa rapporte des choses non moins
surprenantes de l'*yacou-mama*, couleuvre d'une
grosseur prodigieuse, et qui habite de grands
lacs.

« Non-seulement, dit-il , cette énorme créature
engloutit un chevreuil entier, mais les Indiens
assurent qu'elle attire invinciblement, par sa res-
piration, les animaux qui l'approchent, et qu'elle
les dévore.

« Tout ce que je puis dire, après m'en être exactement informé, c'est que l'*yacou-mama* est d'une grosseur extraordinaire : j'en ai rapporté deux peaux, dont l'une, toute desséchée qu'elle est, a près de quinze pieds de long et deux de large; et il en existe de plus grandes.

« Cette couleuvre, dans sa longueur et dans sa grosseur, ressemble à un vieux tronc d'arbre abattu. Son corps est environné d'une espèce de mousse, effet de la boue qui y reste adhérente. Cette croûte, qui s'épaissit à la longue, ne contribue pas peu à la paresse de l'animal et à la lenteur de ses mouvements ; car, s'il n'est pas pressé de la faim, il demeure pendant plusieurs jours immobile dans le même endroit. Il fait sur la terre, quand il marche, une trace continue, comme celle d'un mât ou d'un gros arbre qu'on ne ferait que traîner.

« La vertu attribuée à son souffle peut s'expliquer naturellement. Il se peut que son infection étourdisse les animaux qui se trouvent dans sa sphère d'activité, et qu'il produise le même effet que l'urine du renard de Carthagène, et que le bâillement de la baleine, qui exhale une puanteur insupportable. » Au surplus, il faut se défier de toutes les fables qu'on répand dans le pays. On attribue, par exemple, au *famacosio*, espèce de quadrupède qui a, dit-on, la tête d'un tigre et le

corps d'un mâtin, une voracité invraisemblable.
On prétend que les Indiens *Mopsicas* ont été entièrement détruits par un ennemi bien peu redoutable en apparence, par une troupe de *moineaux*.
On assure que ces faibles oiseaux fondaient sur les
hommes, leur arrachaient les yeux, leur perçaient
le crâne, et les tuaient avant qu'ils pussent se
défendre.

Le poisson-bœuf est un des plus grands poissons d'eau douce. Il n'est pas amphibie, à proprement parler, puisqu'il ne sort jamais entièrement
de l'eau, et qu'il n'en pourrait sortir, n'ayant que
deux nageoires et point de pieds.

Les crocodiles de l'Amazone ont douze ou quinze
pieds de longueur, et entrent quelquefois dans les
cabanes des Indiens. Le plus dangereux ennemi
de ces crocodiles, et peut-être le seul qui ose
se mesurer avec eux, c'est le tigre.

Quand le tigre vient boire au bord de la rivière,
le crocodile met la tête hors de l'eau pour le saisir, comme il attaque, dans la même occasion,
les bœufs, les chevaux, les mulets et tout ce qui
se présente à sa voracité. Le tigre enfonce ses
griffes dans les yeux de son ennemi, seul endroit
que la dureté de son écaille lui laisse le pouvoir
d'offenser; mais le crocodile plongeant dans l'eau,
y entraîne le tigre, qui se noie plutôt que de
lâcher prise.

Les tigres des bords de l'Amazone ne sont point inférieurs à ceux d'Afrique, mais les lions sont abâtardis et sans vigueur. Le mâle n'a point de crinière, il est plus petit et moins vigoureux que les lions africains.

Toutes les forêts sont remplies de perroquets. Les Indiens ont des méthodes artificielles pour embellir le plumage de cet oiseau ; ils arrachent des plumes en différents endroits, et frottent la partie dépouillée avec le sang de certaines grenouilles. C'est ce qu'on appelle, à Cayenne, *tapirer* un perroquet.

Parmi les productions marines dont les côtes abondent, on remarque un zoophyte, du genre *holoture*, qui a la forme d'une vessie. Il est du nombre de ces animaux qui, sans être plantes ni poissons, ne laissent pas d'avoir une véritable vie, et de se transporter, à leur gré, d'un lieu à un autre, indépendamment du secours des vents et des ondes. Celui dont nous parlons ressemble à une vessie pleine d'air ; mais, le long de la partie supérieure qui forme le dos, il y a une membrane déliée, étendue en manière de voile, et dont l'animal se sert pour se diriger à toutes sortes de vents. On a remarqué sous son ventre plusieurs jambes fort courtes et à peine sensibles. On s'est de plus assuré, par le mouvement du tissu de cette vessie, qu'elle était organisée, qu'il y circulait du sang, et qu'elle était pourvue de tous les organes de la digestion.

CHAPITRE XII.

Pendant le séjour que les géomètres espagnols firent à Lima, ils travaillèrent à mettre le pays sur le pied de défense le plus respectable, dans le cas où les Anglais tenteraient un débarquement.

En même temps quatre vaisseaux de guerre

furent chargés de croiser le long de la côte du Chili, et de visiter l'île de Juan-Fernandez. Ils avaient ordre d'attaquer la flotte anglaise dès qu'elle serait arrivée dans les parages de la mer du Sud. Ils croisèrent longtemps dans ces mers, sans apprendre qu'aucun vaisseau étranger eût paru dans la mer du Sud; en conséquence, ils retournèrent à Callao, et les géomètres espagnols retournèrent à Quito, afin de continuer leurs opérations.

On a su depuis que M. de Segarola, commandant l'escadre de quatre vaisseaux de guerre espagnols, découragé par une croisière infructueuse, n'était parti de l'île de Juan-Fernandez que peu de jours avant que le commodore Anson y arrivât lui-même. Cette heureuse circonstance sauva le commodore anglais; car on voit par sa relation que son équipage se trouvait trop affaibli par le scorbut et par les maladies, pour être en état de faire la moindre résistance.

En quittant sa croisière, M. de Segarola avait certainement tenu une conduite prudente; il était plus que probable que le mauvais temps avait empêché les Anglais de doubler le cap Horn; et d'ailleurs, le fâcheux état des bâtiments de son escadre suffisait pour motiver sa retraite; mais comme les événements sont la règle ordinaire des opinions, quand on apprit dans la suite que s'il fût resté trois jours de plus aux îles Fernandez, il aurait rencontré les Anglais, et qu'épuisé de fatigues et de maladies, l'ennemi eût été incapable de résister aux moindres forces, toutes les voix se réunirent contre le général ; il fut regardé comme l'unique auteur du dommage que l'escadre de lord Anson fit depuis dans cette mer. M. de Segarola ne put survivre à la perte de sa réputation : chargé du poids de l'indignation publique, il expira, sans autre cause apparente, dans le moment même où l'on venait pour l'arrêter.

Avant que les mathématiciens eussent terminé leur ouvrage, il arriva à Quito un nouveau message annonçant le succès que les Anglais venaient d'obtenir sur les côtes du Pérou, et le pillage de la ville de Païta. Les géomètres prirent de nouveau la route de Lima, où ils eurent le commandement de deux frégates chargées de croiser sur les côtes du Chili.

Le royaume du Chili est célèbre par sa fertilité, ses plaines, ses collines, ses vallées; en un mot, tout le territoire est un objet continuel d'admiration : il n'y a pas une parcelle de terrain qui ne donne la vie à quelques végétaux. L'agriculture est, pour cette raison, une des plus utiles spéculations du Chili.

Ce n'est pas cependant que le Chili ne possède

des mines de différents métaux, notamment d'or et de cuivre.

Le Chili occupe cette partie du continent méridional qui s'étend depuis les frontières du Pérou jusqu'au détroit de Magellan ; on y compte au moins cinq cent trente lieues de côtes maritimes. Vers l'orient, ce royaume touche aux confins du Paraguay, où les Jésuites avaient formé naguère une colonie florissante en civilisant les Indiens, mais qui, depuis leur expulsion de ce pays, est tombée dans la barbarie.

Une portion de cette contrée avait été soumise par les Incas jusqu'aux vallées de Copiapo, de Coquimbo et de Chiolé, mais ils furent obligés d'arrêter leurs conquêtes vers le sud. Lorsque les Espagnols eurent subjugué les principales provinces du Pérou, Almagro le père, en 1535, et don Pedro de Valdivia, en 1541, étendirent la domination de leur monarque dans le Chili; Valdivia, surtout, y fonda plusieurs villes, mais ce ne fut pas sans éprouver une terrible résistance de la part des Indiens, qui ne cessèrent de harceler les Espagnols. Valdivia lui-même perdit la vie dans une de ces batailles. On a donné son nom à l'un des gouvernements et à une des principales villes du Chili.

Le port de Valparaiso est très-important pour le commerce de toute l'Amérique méridionale, mais l'entrée et la sortie ne laissent pas d'en être dangereuses.

Le gouvernement de Valdivia est peuplé de blancs du Pérou et du Chili, que leurs crimes ont fait condamner à l'exil. Le traitement de ces bannis est plus ou moins rigoureux, suivant la nature des délits dont ils ont été convaincus. Les plus coupables sont condamnés aux galères et aux travaux publics; d'autres sont soldats, ou même officiers : quelques-uns, simplement relégués dans le pays, y ont formé des établissements comme colons.

La ville de Coquimbo est dans un site enchanteur : les environs sont d'une extrême fertilité. C'est un des cantons les plus riches et les plus commerçants du Chili; c'est aussi l'un des plus féconds en toutes sortes de métaux. En hiver, lorsque les pluies sont un peu abondantes, on trouve de l'or dans presque tous les ruisseaux qui coulent des montagnes. A neuf ou dix lieues de la ville sont des *lavaderos* (1) ou mines d'or natif, à fleur de terre. Les habitants ont assuré à M. Frézier que l'or s'y engendrait continuellement, parce que, lorsque la terre a été lavée, on y re-

(1) En français *lavoirs*, parce qu'on obtient le métal par le simple lavage du minerai.

(Note du Traducteur.)

trouve, soixante ou quatre-vingts ans après, presque autant d'or qu'auparavant. Les mines d'or, d'argent et de cuivre, y sont très-communes et très-riches. Il en existe aussi de fer et de mercure.

A dix lieues au sud de la ville, on voit une pierre noirâtre d'où coule une fontaine intermittente, qui ne jaillit qu'une fois par mois. Cette eau, imprégnée de matière calcaire, dépose sur la pierre une trace blanche.

Proche d'une ferme nommée *la Marquesia,* on trouve une pierre grise, couleur de mine de plomb, unie comme une table, sur laquelle sont parfaitement bien dessinés un bouclier et un casque de couleur rouge qui pénètrent fort avant dans la pierre.

Dans une vallée du canton, il y a une petite étendue de plaines où ceux qui s'endorment se trouvent enflés à leur réveil (1).

(1) Cela provient sans doute de la nature des arbres ou arbustes qui croissent dans cette plaine. Plusieurs arbres d'Amérique ont cette propriété, que les anciens attribuaient à l'*if,* de donner la mort à ceux qui ont le malheur de s'endormir sous leur ombre. Comme ces arbres croissent très-près les uns des autres, et que l'air atmosphérique, vicié par leurs absorptions continuelles, ne se renouvelle point, faute de circulation, les personnes qui y séjournent éprouvent nécessairement une sorte d'asphyxie. Je ne doute pas qu'il n'en fût de même de l'if, si, au lieu d'en former des bordures de parterre ou des haies vives, nous le plantions en quinconces ou en bosquets touffus, à la manière des anciens.

(Note du Traducteur.)

Les habitants de la Conception, autre grande ville du Chili, sont tous habiles dans l'exercice du cheval. Les femmes n'y mettent pas moins d'adresse et de légèreté que les hommes.

Les *Guases*, race d'Indiens de ce district, sont d'une étonnante dextérité dans le maniement de la lance et du lacet avec lequel ils étranglent les taureaux, et même les hommes qu'ils veulent attaquer. Quand ils surprennent leur ennemi, ils poussent vivement leur cheval, jettent leur lacet, et l'on se trouve pris et entraîné avec une vitesse qui ne permet pas de distinguer les degrés de l'action.

Dans leurs querelles particulières, ils se servent entre eux de ces lacets et d'une demi-pique, avec tant d'habileté dans l'attaque et la défense, qu'après un long combat ils se séparent souvent sans avoir pu s'enlacer, et sans autre mal que quelques coups de lance.

La seule manière dont un Européen puisse se dérober au terrible nœud coulant, si c'est en pleine campagne, c'est de s'étendre à terre tout de son long, aussitôt qu'on le leur voit prendre à la main, et de se blottir pour ne point donner de prise. On se garantit aussi en se collant contre un arbre ou contre un mur. Les lacets des Guases sont de cuir de bœuf, découpés tout autour de la peau. Ils tordent cette courroie, la rendent souple , à force de la graisser, et l'allongent en la tirant, jusqu'à ne lui laisser qu'un demi-doigt d'épaisseur. Elle ne laisse pas d'être si forte, qu'un taureau ne peut la rompre, et qu'elle résiste plus qu'une grosse corde de chanvre.

La manière de tuer le bétail pour la boucherie ne passerait que pour un amusement, si l'on n'assurait qu'elle contribue à rendre la chair beaucoup meilleure.

On enferme un troupeau de bœufs dans une basse-cour, et les Guases se rangent à cheval devant la porte, armés d'une lance de douze à quinze pieds de long, qui se termine par une espèce de croissant d'acier bien affilé, dont les pointes sont à environ un pied l'une de l'autre. Ils ouvrent la porte de la basse-cour, et font sortir un bœuf, qui prend aussitôt sa course. Un Guase le suit, l'atteint, lui coupe les deux jarrets de derrière, et met pied à terre pour le tuer, après quoi il le dépouille, enlève la graisse, et dépèce la chair. Le suif est enveloppé dans le cuir, et le tout est porté à la métairie, sur la croupe du cheval. Quelquefois on fait sortir ensemble autant de bœufs qu'il y a de Guases pour les tuer.

La ville de Sant-Yago est la capitale de tout le Chili. On rapporte sa fondation au 24 février 1541. Sa situation, au milieu d'une plaine de vingt-cinq lieues d'étendue, est on ne peut plus agréable. Quoi-

que cette ville ait beaucoup souffert des tremblements de terre et qu'elle y soit fréquemment exposée, elle s'est cependant relevée de tant de disgrâces ; et ses édifices, quoique très-bas, sont
élégants et commodes. Le nombre de ses habitants
est d'environ quatre mille familles, la moitié
d'Espagnols et le reste d'Indiens ou de races mê-
lées.

Cette place fait un commerce considérable tant
intérieur qu'extérieur. C'est du royaume de Chili
que l'on tire d'excellentes races de chevaux et de
mules, recherchés dans toute l'Amérique. Ces
animaux doivent leur origine aux premiers chevaux espagnols, transportés d'Europe en Amérique; mais la race s'en est singulièrement perfec-
tionnée, et l'on cherche à la multiplier dans toutes
les provinces du Pérou.

Pendant le séjour que fit M. d'Ulloa à Sant-
Yago, on amena de l'île de Chiloé M. David
Cheap, un des capitaines de l'escadre de l'amiral
Anson, qui y fit naufrage sur le vaisseau *le Wager*,
et qui, ayant été abandonné de la plupart de ses
gens, eut le bonheur de tomber entre les mains
des Espagnols, après avoir souffert des maux in-
croyables, et éprouvé une suite d'aventures bi-
zarres.

Bien que les événements soient étrangers au
sujet de cet ouvrage, nous croyons être agréable

à nos lecteurs en leur donnant quelques détails sur les maux que cet officier eut à endurer. Ce fut le 3 mars 1741 que le vaisseau *le Wager* fut séparé de l'escadre de l'amiral Anson, qui revenait des mers de la Chine. Ce bâtiment, désemparé de tous ses mâts, devenu le jouet des vagues, vint échouer le 14 mai suivant sur des rochers près des côtes de l'Amérique. Les naufragés gagnèrent avec beaucoup de peine la terre qui était en vue, et s'entassèrent au nombre de cent quarante dans une cabane abandonnée par les Indiens. Plusieurs ne tardèrent pas à succomber par suite des privations qu'ils eurent à subir sur cette côte inhospitalière, bordée d'affreux rochers, et qui ne présentait aucune ressource aux malheureux naufragés. Pour comble de maux la discorde vint bientôt les désunir; les matelots, révoltés de la parcimonie avec laquelle on distribuait le peu de vivres qu'on avait pu sauver, se soulevèrent à plusieurs reprises et voulurent attenter aux jours du capitaine. Quelques-uns des mutins construisirent nu radeau pour aller gagner la terre ferme, car les Anglais avaient reconnu que la terre qui les avait reçus était une île : on n'entendit plus jamais parler d'eux. Ceux qui restaient éprouvèrent bientôt toutes les souffrances de la famine.

L'exaspération des matelots était à son comble. Le capitaine Cheap fut obligé d'en tuer un d'un coup de pistolet, pour maintenir son autorité. Cependant quelques officiers voulaient faire voile vers le détroit de Magellan sur un grand bateau que l'on avait construit des débris du vaisseau; le capitaine voulait au contraire se diriger vers le nord. Enfin on en vint à une révolte ouverte; le capitaine fut fait prisonnier, et on lui accorda comme une grâce de le laisser sur l'île. Il resta donc avec un autre officier et le chirurgien, qui voulurent partager sa fortune. Toutefois ils furent bientôt rejoints par une partie de l'équipage qui montait la chaloupe du bâtiment; alors le capitaine entreprit à son tour de regagner la terre ferme avec ses compagnons, mais, après les travaux les plus pénibles au milieu de dangers sans cesse renaissants, ils furent obligés de revenir à l'île où ils s'étaient d'abord réfugiés.

Au mois de février suivant, les naufragés reçurent la visite de quelques Indiens, qui leur servirent de guides pour gagner l'île de Chiloé. Enfin les naufragés trouvèrent là des secours qui leur permirent de réparer leurs forces épuisées. Ils furent conduits au Chili et faits prisonniers par les Espagnols, qui toutefois les traitèrent en ennemis généreux. Ce fut alors que M. Cheap et les misérables restes de l'équipage du *Wager* rencontrèrent les savants français. Quelques-uns des hommes qui montaient le grand bateau parvinrent aussi à se sauver au Brésil, après avoir éprouvé les plus cruelles souffrances.

Mais il est temps de revenir à la description du Chili et de ses habitants.

La manière de commercer avec les Indiens de cette région de l'Amérique est trop curieuse pour que nous puissions l'omettre. Ces Indiens ne sont point, comme ceux du Pérou, gouvernés par des caciques ou chefs héréditaires ; ils n'accordent leurs hommages qu'à la vieillesse. La personne la plus âgée de la tribu en a le gouvernement. Le marchand espagnol qui veut traiter avec ces Indiens, commence par offrir à leur chef un verre de vin, ensuite il étale ses marchandises ; le vieillard les examine, fait son choix, et annonce en même temps ce qu'il entend donner en échange de chaque article : si l'on convient des conditions respectives, l'Espagnol donne au chef un nouveau verre de vin, et le vieillard annonce à la tribu que cet Espagnol est son ami ; qu'elle peut en toute sûreté trafiquer avec lui.

Sur la foi d'une protection semblable, l'Espagnol va de hutte en hutte. Son moyen ordinaire de recommandation est d'offrir à chaque chef de famille un verre de son vin.

Ces préliminaires arrangés, on parle d'affaires ; l'Indien choisit les objets qui lui conviennent, et les prend sans payer. L'Espagnol parcourt ainsi toutes les cabanes, jusqu'à ce qu'il se soit défait de toutes ses marchandises, mais sans en avoir encore reçu la valeur.

Il retourne alors à l'habitation du chef principal. Chemin faisant, il appelle ses acheteurs, et leur dit qu'il est sur le point de retourner chez lui. Sur cet avertissement, chacun s'empresse scrupuleusement d'apporter à la cabane du chef les articles d'échange dont on est convenu. On prend aussitôt congé du voyageur, avec toutes les démonstrations possibles d'amitié. Quelquefois les Indiens l'accompagnent jusqu'à la frontière ; ils l'aident même à conduire le bétail qu'il a acquis en retour de ses marchandises.

Autrefois les Espagnols vendaient aux Indiens du vin et d'autres liqueurs enivrantes ; mais comme il en résultait des tumultes qui dégénéraient soûvent en guerres sanglantes, on a prohibé cet article de commerce ; il n'est plus permis de porter sur le territoire indien que la quantité de liqueur nécessaire pour se concilier les bonnes grâces des différents chefs de famille. On a senti des deux côtés combien une prohibition semblable était nécessaire.

Les Indiens d'Aranco, de Tucapel, et les autres tribus voisines se sont, jusqu'à présent, soustraits à tous les efforts qu'a faits le gouvernement espagnol pour les réduire en servitude. En effet, ils occupent une si vaste étendue de pays, que, si on les harcelle sur un point, ils se retirent, vont se joindre à d'autres nations guerrières, et tombent sur leurs ennemis en si grand nombre, qu'il serait téméraire de chercher à leur opposer de la résistance.

M. Frézier raconte une ruse de guerre des plus ingénieuses, par laquelle ces Indiens détruisirent un fort que les Espagnols avaient établi dans la vallée de Quillota, à proximité des mines d'or de ce canton.

Les Indiens les laissèrent paisiblement se mettre en possession du pays. Un jour, un d'entre eux parut aux portes de la forteresse, tenant dans ses mains une marmite pleine de poudre d'or. Il n'en fallut pas davantage pour tenter la cupidité des soldats de la garnison. Ils s'assemblèrent en effet autour de ce petit trésor, et se mirent à le partager entre eux. Pendant ce temps-là une troupe d'Indiens armés, qui s'étaient mis en embuscade dans les environs, fondit sur les Espagnols et les égorgea tous. Les vainqueurs démolirent le fort, qui depuis n'a pas été rétabli.

Nous ne suivrons pas don Juan et don d'Ulloa dans leurs différentes courses maritimes, dans leurs relâches à la baie de la Conception, à Valparaiso et à Callao. Qu'il nous suffise de dire qu'après toutes ces traversées périlleuses ils revinrent à Quito, qu'ils y terminèrent leurs opérations géométriques, et retournèrent à Lima, pour repasser de là en Europe. Ils s'embarquèrent à Callao, chacun sur un vaisseau français qui mettait à la voile pour l'Europe. Don Georges Juan s'embarqua sur le vaisseau nommé *le Lis*, et don Antonio d'Ulloa sur celui appelé *la Délivrance*.

Le convoi, dont ces deux vaisseaux faisaient partie, rencontra les Anglais en route, et fut dispersé par eux. *La Délivrance*, que montait M. d'Ulloa, eut le bonheur de s'échapper. Le capitaine tint conseil avec ses officiers pour savoir quelle route ils devaient tenir. Un d'eux, qui avait été plusieurs fois à Louisbourg, fut d'avis de faire voile vers ce port. Ce parti fut adopté par le capitaine, ainsi que par les officiers et les passagers eux-mêmes.

Il n'est pas inutile de dire que Louisbourg est un port sur les côtes de Terre-Neuve, appartenant alors aux Français. Le 13 août, les gens de *la Délivrance* aperçurent un brigantin qui louvoyait sur la côte et se hâtait de gagner le port. Ils mirent alors pavillon français. Le brigantin le mit aussi, en tirant deux ou trois coups de canon, qui ne leur causèrent pas la moindre inquiétude, parce qu'ils s'imaginèrent que, leur frégate n'ayant pas été reconnue pour française, ce vaisseau voulait avertir les pêcheurs de se retirer. Une heure après il parut deux vaisseaux de ligne portant pavillon français : les bannières de la même nation flottaient sur les remparts du fort.

« Qu'on se figure, dit M. d'Ulloa, quelle dut être notre joie de nous voir si près du repos, après une si pénible et si dangereuse navigation ; mais qu'on se représente en même temps dans quelle surprise et dans quel saisissement nous tombâmes, lorsqu'il nous fallut passer de cette agréable prévention à l'état le plus opposé. »

En effet, les Anglais s'étaient récemment emparés de cette place, et avaient continué d'arborer l'étendard ennemi, afin d'attirer tous les vaisseaux français et les navires alliés. Ce stratagème leur réussit trop bien à l'égard de *la Délivrance* : quand le capitaine eut reconnu son erreur, et qu'il vit toute résistance impossible, il prit le parti d'amener pavillon.

M. d'Ulloa raconte qu'il avait fait un seul paquet de tous ses papiers les plus secrets. Dès qu'il se vit sur le point d'être pris, il lesta ce paquet avec des balles de plomb, et le jeta à la mer. Quant aux papiers qui concernaient la mesure des degrés du méridien, et le journal de ses observations physiques et astronomiques, il eut soin de les conserver, persuadé que leur contenu était d'un intérêt universel, et que l'ennemi saurait les respecter. En effet, quoique les commandants anglais se fussent d'abord empressés de piller tous les effets que possédaient les gens du vaisseau, ils épargnèrent ces manuscrits.

M. d'Ulloa, envoyé en Angleterre, demeura, comme prisonnier de guerre, à Fareham, joli village au fond du hâvre de Portsmouth. Il y fut traité avec la plus grande distinction. Grâce au bons offices du commissaire français qui pourvoyait aux besoins des prisonniers français et espagnols, il fit parvenir au duc de Bedford, premier lord de l'Amirauté, une pétition pour recouvrer ses papiers. Sa demande fut favorablement accueillie. La Société royale de Londres, ayant pris communication de ses notes et de ses travaux, l'admit au nombre de ses membres. On lui accorda de plus sa liberté. Il s'embarqua à Falmouth, et arriva à Madrid le 26 juillet 1746.

Don Juan fut plus heureux dans sa traversée. La frégate *le Lis*, après avoir relâché à Saint-Domingue, partit avec une flotte française, escortée par cinq vaisseaux de guerre, et arriva à Brest, d'où Georges Juan se mit en route pour Madrid.

Le roi d'Espagne fit imprimer sous ses auspices le résultat des travaux de don Georges Juan et de don Antoine d'Ulloa. Celui-ci est l'auteur de la relation. Il a donné sur l'Amérique méridionale des renseignements plus certains et des détails plus curieux que tout ce que l'on connaissait jusque-là; et nous pensons que de tous les extraits de voyages que nous avons mis et mettrons encore sous les yeux de nos jeunes lecteurs, celui-ci ne sera pas le moins amusant ni le moins fécond en instruction.

Mais notre travail ne serait pas complet, si nous ne présentions un exposé de la manière dont a été finie cette grande entreprise : ces détails, que nous tirons du voyage de la Condamine, seront brièvement et sommairement rapportés.

Le principal objet de l'expédition était de vérifier la longueur du degré terrestre sous l'équateur. Nous comptons ordinairement vingt-cinq lieues par chaque degré des grands cercles de la sphère; mais on sent bien que cette quantité ne doit pas être la même partout, si la terre n'est point un globe parfait. Une foule d'observations avaient déjà fait préjuger que la terre était un *sphéroïde*, c'est-à-dire une sphère irrégulière; mais il restait la question de savoir si elle était aplatie ou plus allongée vers les pôles. Newton ne balançait point à soutenir qu'elle était plus plate sous les pôles et renflée vers l'équateur, mais il n'en avait d'autres preuves que des hypothèses fondées sur les lois de la gravitation universelle et de la force centrifuge. Les académiciens français envoyés en

Amérique et en Laponie (1) ont nettement décidé le problème, et confirmé l'opinion de Newton. M. de la Condamine a fait concourir avec la mesure des degrés du méridien une expérience non moins ingénieuse, mais dont il dut l'inspiration au seul hasard.

Il avait apporté d'Europe d'excellentes pendules astronomiques, et il se trouva que ces pendules avançaient chaque jour d'une manière sensible. Ceux de mes jeunes lecteurs qui sont familiers avec les principes de la physique savent que le pendule (1) ou balancier d'une horloge doit avoir une longueur déterminée ; que, pour peu qu'il s'allonge, il bat des temps plus longs, et que si on le raccourcit, il bat des temps plus courts. Or les pendules qu'employait de la Condamine faisaient, dans un espace de temps donné, un plus grand nombre de vibrations que ne le comportait leur longueur. Il en conclut que les corps pesants étaient plus puissamment attirés sous l'équateur que sur les autres points du globe, et que par conséquent il y existe un renflement considérable.

Le même savant s'aperçut aussi, en faisant

(1) Voyez la Relation de Maupertuis.

(2) *Pendule*, balancier, est masculin ; mais quand, par le mot de *pendule*, on exprime la totalité de l'instrument, il est féminin.

des observations au pied des Cordilières, que
le fil à plomb éprouvait une déviation sensible, et
qu'il était attiré par le corps de la montagne dans
une proportion infiniment petite, mais en cor-
respondance parfaite avec sa masse, comparée
à celle du globe, et eu égard à d'autres circonstances. Ce fut encore aux yeux du monde savant
une confirmation nouvelle de la belle théorie de
l'attraction imaginée par le philosophe anglais.

Quand les travaux furent terminés, M. de la
Condamine et ses collègues voulurent en éterniser
la mémoire, et laisser une trace ineffaçable des
points où ils avaient commencé leurs mesures, par
l'érection de deux monuments. L'Académie des
Sciences de Paris approuva ce projet, et celle des
Inscriptions envoya la rédaction de la mention
qu'on devait y graver.

M. de la Condamine s'occupa d'abord de
constater invariablement dans la plaine d'*Yaruqui*
les deux termes de leur base fondamentale. Il
fit transporter à chaque extrémité une meule de
moulin que l'on enterra de manière que les deux
jalons qui terminaient la distance mesurée occupaient les centres vides de ces pierres ; ensuite on
éleva au-dessus de chaque meule une pyramide à
quatre faces, dont les côtés correspondaient aux
points cardinaux. La hauteur de ces monuments
était de vingt-un pieds, et la construction en fut

très-pénible : il fallut extraire d'une carrière fort profonde et fort éloignée des quartiers de roche et des pierres dures pour le massif intérieur de l'ouvrage, et on les revêtit de briques à l'extérieur. Le sommet de ces monuments était surmonté d'une fleur de lis. Quand tout cela eut été terminé sous les yeux mêmes de M. de la Condamine, il s'agit de graver l'inscription; mais ici commença une source intarissable de difficultés.

On avait apporté dans sa rédaction un soin extrême pour ne point blesser l'amour-propre, soit du gouvernement espagnol, soit des géomètres qu'il avait envoyés (don Georges Juan et don Antoine d'Ulloa). Ceux-ci néanmoins ne furent pas contents de l'inscription; ils plaidèrent contre les académiciens français à l'audience royale de Lima. Les contestations furent longues et hérissées de chicanes. On prétendait que l'honneur du roi lui-même y était intéressé; on alléguait que la fleur de lis, dont les pyramides étaient surmontées, était une insulte à la puissance de Philippe V (1). Les académiciens français répondaient à cette misérable difficulté que le roi

(1) Le *Voyage d'Ulloa* ne dit pas un mot du procès des pyramides, et il paraît que ces Messieurs eux-mêmes ont rougi des contestations puériles qu'on les forçait de soutenir.
(Note du Traducteur.)

d'Espagne était de la maison de Bourbon, et portait dans ses armoiries l'écu des deux Siciles ; que les fleurs de lis étaient à la fois les armes de France, et celles de la maison de Bourbon, et que l'écu du royaume de Naples était parsemé de fleurs de lis.

Après une multitude de plaidoiries et d'incidents, qui employèrent cent soixante pages in-folio d'écritures, sans compter les lettres particulières, les mémoires et les factums, intervint, le 7 juillet 1748, arrêt en dernier ressort, qui autorisait les académiciens français à faire élever, dans la plaine d'Yaruqui, deux pyramides en mémoire de leurs observations, sous la condition expresse de rapporter dans deux ans la confirmation du Conseil suprême des Indes (1), et de faire mettre la couronne d'Espagne sur les fleurs de lis qui terminaient les deux pyramides. L'inscription proposée reçut une légère modification au sujet des qualités des deux officiers espagnols.

M. de la Condamine s'empressa d'exécuter ponctuellement cet arrêt, et revint en Europe, en traversant toute l'Amérique méridionale, le long du fleuve des Amazones : il s'arrêta à Cayenne avec ses collègues, et ils y répétèrent leurs expériences du pendule.

(1) Il siége en Espagne.

Lorsqu'il fut de retour dans sa patrie, il présenta au conseil espagnol des Indes un mémoire pour obtenir la confirmation de l'arrêt prononcé à l'audience royale.

Cette affaire y fut encore débattue, et le premier jugement fut confirmé, avec quelques changements dans la rédaction de l'inscription. Mais malheureusement il était survenu, pendant ce temps-là, un ordre émané de l'administration pour la démolition des deux monuments. Les créoles et les Indiens du Pérou l'avaient exécuté avec joie, car, d'une part, ces pyramides, dont ils ne pouvaient comprendre la destination, leur semblaient des talismans de mauvais augure; et d'un autre côté on s'imaginait que les académiciens français y avaient enfoui de précieux trésors. Il est vrai que M. de la Condamine avait placé dans le vide de chaque meule une boîte de plomb soudée, contenant une petite planche d'argent, où il avait fait graver la copie figurée de l'inscription; encore l'avait-il fait sans témoins, pour ne pas éveiller la cupidité des naturels.

Ainsi la décision du Conseil des Indes arriva trop tard. Ce fut également en vain que la cour d'Espagne ordonna la reconstruction des pyramides. M. de la Condamine a jugé, par les peines que cette entreprise lui avait coûtées, qu'une personne désintéressée n'aurait pas consenti à prendre les mêmes peines. Il avait été obligé de faire graver l'inscription par un ouvrier indien qui ne gravait que sur bois, et qui ne savait pas lire.

Ainsi il avait lui - même dirigé en quelque sorte le burin, et présidé aux moindres détails de la gravure. D'ailleurs les deux termes extrêmes de la base doivent être perdus. Il est probable qu'on aura déplacé les meules pour découvrir les prétendus trésors; et ne les eût-on dérangées que de quelques lignes, le mal était irréparable.

M. de la Condamine a été plus loin; il a prédit que le gouvernement espagnol ne prendrait pas même la peine de faire relever les pyramides, et il ne paraît pas en effet que l'on se soit mis en devoir de le faire.

C'est ce qu'il n'a pu s'empêcher de déclarer hautement pour prévenir les conséquences qui seraient à craindre si jamais on voulait faire servir la distance de ces deux nouvelles pyramides à vérifier les mesures des académiciens, ou si, les supposant bien orientées, on croyait pouvoir conclure que la *méridienne* eût changé de direction.

On doit gémir que de tant de travaux, des malheurs même qu'ont éprouvés ces estimables académiciens, et des frais énormes qu'il en a coûté à l'État, il ne soit resté que des chiffres et des mémoires, excellents il est vrai, mais qui peuvent être fautifs dans quelques parties; et qu'il ne subsiste aucune trace permanente à l'aide de laquelle on en puisse rectifier les légères inexactitudes.

FIN.

TABLE

DES

CHAPITRES CONTENUS DANS CE VOLUME.

CHAPITRE PREMIER.

CHAPITRE II.

CHAPITRE III.

CHAPITRE IV.

CHAPITRE V.

CHAPITRE VI.

CHAPITRE VII.

CHAPITRE VIII.

CHAPITRE IX.

CHAPITRE X.

CHAPITRE XI.

CHAPITRE XII.

TOURS. — IMP. DE MAME.

www.ingramcontent.com/pod-product-compliance
Lightning Source LLC
LaVergne TN
LVHW021946030726
842523LV00001B/303